ELOGIOS PARA *LA VERDADERA CONFIANZA*

«La sabiduría popular dice que necesi[...] mación y confianza en nosotras mis[...] seguras. Sin embargo, Mary Kassian [...] de autoayuda. El libro *La verdadera confianza* nos invita a reflexionar. Es revelador. Inspirador. Nos transporta en un viaje a fin de descubrir que el temor del Señor es la clave para superar nuestros temores e inseguridades personales. ¡Joven o anciana, necesitas la sabiduría que se encuentra en estas páginas! Cuando abraces la fórmula de la confianza de Dios, te convertirás en una mujer llena de confianza que puede enfrentar incluso la circunstancia más desalentadora con notable fuerza y valor».

—NANCY DEMOSS WOLGEMUTH, AUTORA DE *MENTIRAS QUE LAS MUJERES CREEN* Y *ADORNADAS*, FUNDADORA DE REVIVE OUR HEARTS Y MAESTRA DE LA BIBLIA

«Mary comparte la PALABRA. Ella es contracultural en el mejor de los sentidos. Revela las mentiras de autoayuda populares y nos muestra un camino más centrado en Cristo hacia la verdadera confianza. Si estás cansada de vivir con miedo y permanecer esclava de las opiniones de los demás sobre quién deberías ser, este libro es para ti. ¡Gran trabajo, Mary! Un mensaje muy oportuno».

—KRISTEN CLARK Y BETHANY BEAL, AUTORAS DE *UNA CHICA DEFINIDA POR DIOS* Y FUNDADORAS DE GIRL DEFINED MINISTRIES

«Tomé una pluma mientras leía *La verdadera confianza* de Mary Kassian y subrayé esto: "¿Quieres ser una mujer segura de ti misma? ¿Una que posee gran calma, gran audacia y la capacidad de enfrentar problemas con el espíritu más poderoso e invencible del mundo?". Garabateé un "¡Sí!" en el margen y continué leyendo. No me decepcionó. Este libro está lleno de "respuestas" y "estrategias" para las mujeres que quieren avanzar en la fe y no ceder ante el temor. Mary Kassian no rehúye las preguntas difíciles y las respuestas honestas. Nos ayuda a descubrir por qué queremos tener confianza (y el buen propósito de Dios para esta), aquello que malinterpretamos acerca del temor (y los buenos propósitos de Dios para *este*), y cómo toda la trayectoria de nuestras vidas es hábilmente moldeada por nuestro Padre celestial, que no tiene un ápice de duda acerca de su amor o su plan para nosotras».

—LAURA BOOZ, AUTORA Y PRESENTADORA DEL PÓDCAST *EXPECT SOMETHING BEAUTIFUL*

«Con el corazón de una maestra y la compasión de una amiga, Mary nos muestra en la Escritura lo que significa ser mujeres verdaderamente confiadas que temen al Señor y ponen su confianza en él. Aprecio su análisis perceptivo de lo que está mal en nuestros corazones y la claridad con la que nos guía a la única solución: un mayor asombro y adoración de Jesucristo, y una obediencia y devoción a él, el Único digno de nuestro temor. ¡Esta es la verdadera confianza!».

—KRISTEN WETHERELL, AUTORA DE *FIGHT YOUR FEARS*

«*¡La verdadera confianza* contiene un mensaje que quisiera que toda mujer escuche! Mientras que el mundo sostiene que la autoestima y el valor propio son la clave para ser valientes y seguras, Mary Kassian anima a las mujeres a orientar apropiadamente su temor hacia el único digno del mismo. Este libro te ayudará a atravesar con gozo incluso las circunstancias más difíciles con una confianza bien fundada en el Señor».

—HUNTER BELESS, FUNDADORA DE JOURNEYWOMEN Y PRESENTADORA DEL PÓDCAST *JOURNEYWOMEN*

«"¡La confianza en ti misma es el antídoto!", dice el mundo en respuesta a tus picos de ansiedad y tus dudas paralizantes. Sin embargo, ¿y si tu inseguridad alimentada por el miedo está siendo producida por un engañador astuto? ¿Y si es tu *enemigo* el que sugiere que debes confiar en ti misma? Con su claridad característica y sabiduría bíblica, Mary corre la cortina del engaño de una manera brillante y revela cuán frágil y autodestructiva es la confianza en nosotras mismas; luego nos entrena para ver nuestros temores como una invitación de parte de Dios a acercarnos y arraigarnos más profundamente en él. Ven a aprender cómo puedes temer menos a todo lo demás al temer más a Dios, la única manera de crecer en la *verdadera* confianza».

—SHANNON POPKIN, AUTORA DE *¡NO SEAS UNA MUJER CONTROLADORA!* Y *¡NO TE COMPARES!*

«Seamos sinceras, chicas; tenemos un problema de confianza. Los esfuerzos constantes del mundo para llenarnos de mensajes sobre nuestra "suficiencia" no funcionan. Sabemos que somos débiles. *Sabemos* que no tenemos lo necesario para enfrentar la vida como mujeres quebrantadas en un mundo corrompido. Sabemos que la confianza en nosotras mismas fracasa todas las veces. Estoy muy agradecida por el libro de Mary Kassian, *La verdadera confianza*. ¡Este es el mensaje contracultural que hemos estado buscando! La definición de confianza del mundo está totalmente equivocada. El libro de Mary es un hermoso recordatorio de que la verdadera confianza fluye de nuestra confianza en Cristo».

—ERIN DAVIS, AUTORA Y CREADORA DE PÓDCAST QUE BUSCA ENCONTRAR SU CONFIANZA EN CRISTO

LA VERDADERA CONFIANZA

MARY A. KASSIAN

LA VERDADERA CONFIANZA

EL VALOR ASOMBROSO
DE UNA MUJER
QUE TEME A DIOS

 Vida

La misión de Editorial Vida es ser la compañía líder en satisfacer las necesidades de las personas con recursos cuyo contenido glorifique al Señor Jesucristo y promueva principios bíblicos.

LA VERDADERA CONFIANZA
Edición en español publicada por
Editorial Vida – 2023
Nashville, Tennessee

© 2023 por Editorial Vida
Este título también está disponible en formato electrónico.

Publicado originalmente en EUA bajo el título:
The Right Kind of Confident
Copyright © 2021 por Mary A. Kassian
Publicado con permiso de Zondervan, Grand Rapids, Michigan 49530.
Publicado en asociación con la agencia Wolgemuth & Associates, Inc.

Todos los derechos reservados

Prohibida su reproducción o distribución.

Traducción: *Marina Lorenzin*
Adaptación del diseño al español: *Deditorial*

ISBN: 978-0-82971-632-0
eBook: 978-0-82977-146-6
Número de Control de la Biblioteca del Congreso: 2022933455

CATEGORÍA: Religión / Vida Cristiana / Intereses de la mujer

IMPRESO EN ESTADOS UNIDOS DE AMÉRICA

22 23 24 25 26 LBC 5 4 3 2 1

Para Nanette, Michele y Aileen

confianza

De *confiar.*

1. f. Seguridad o fe en alguien o algo.

2. f. Creencia en uno mismo y sus propias habilidades.

3. f. Certeza; seguridad.

En el
TEMOR DEL SEÑOR
hay
CONFIANZA SEGURA.

Proverbios 14:26 (NBLA)

CONTENIDO

PREFACIO   XV

    CAPÍTULO 1: UN PLAN DE ACCIÓN PARA LA CONFIANZA   1
    CAPÍTULO 2: EL TEMOR ES TU «AMIENEMIGO»   31
    CAPÍTULO 3: HOLA, ME LLAMO TEMOR   63
    CAPÍTULO 4: EL FACTOR MIEDO   93
    CAPÍTULO 5: EL FUNDAMENTO DE LA CONFIANZA   121
    CAPÍTULO 6: CÓMO EDIFICAR TU CONFIANZA   151
    CAPÍTULO 7: UNA CONFIANZA BIEN ARRAIGADA   181

NOTAS   211

ACERCA DE LA AUTORA   219

PREFACIO

La mujer de hoy tiene un problema de confianza. Toda su vida ha sido criada para ser una mujer fuerte y segura. Sin embargo, en el fondo alberga un secreto vergonzoso. Carece de una fe firme en sus propias capacidades. Se siente débil. No es tan fuerte y confiada como demuestra ser. Su confianza es fugaz. A menudo, resulta falsa, una actuación bien ejecutada destinada a suprimir las corrientes subyacentes de la duda.

Con frecuencia teme no tener lo que se necesita. La inquietante, dubitativa y negativa conversación interior gira alrededor de su mente como plantas rodadoras por la polvorienta calle de una vieja película del oeste. Las repeticiones de la misma película la mantienen despierta durante la noche. Parece que no puede dejar de sentir que no es lo suficientemente buena, que sin importar cuánto se esfuerce, está condenada al fracaso.

¿Qué podemos hacer con esta falta de confianza?

¿Cómo transformamos nuestro *no puedo* en un *sí puedo*?

¿Cómo convertimos nuestra cobardía en valentía?

¿Cómo podemos silenciar los miedos persistentes que nos sabotean y paralizan?

Los autores populares sostienen que la respuesta es creer más en nosotras mismas y trabajar para desarrollar más confianza personal. Una mayor confianza en nosotras derrotará el miedo que se interpone en el camino de nuestro éxito.

Sin embargo, ¿no hemos probado ya la solución de la autoafirmación? ¿Acaso más poder femenino calmará genuinamente la inseguridad y la baja estima que corroen nuestras almas? ¿Podría ser que hay algo que falta en esta fórmula de confianza trillada?

La Biblia provee una solución diferente.

Una solución contradictoria.

Enseña que la manera de combatir el temor es con más temor; un temor de un tipo diferente.

La mayoría de nosotras piensa que *todo* temor es un temor *malo*. No obstante, la Biblia revela que este no es el caso. El temor también tiene una dimensión positiva que por lo general se pasa por alto. Los tipos negativos y positivos de temor son como los lados opuestos de una moneda. Y, paradójicamente, la Escritura sugiere que un temor negativo solo puede revertirse abrazando uno positivo.

Proverbios 14:26 lo deja claro. Este dice que «en el temor del Señor hay confianza» (NBLA).

Temor y confianza. Ellos van juntos como los relámpagos y los truenos, la sal y la pimienta, Jack y Jill. Por lo tanto, para ser mujeres llenas de confianza necesitamos entender mucho más sobre el tipo de temor positivo que la Biblia identifica como el compañero cercano de la confianza.

En este libro, haremos precisamente eso.

Comenzaremos, en el capítulo uno, descubriendo el significado de la confianza y examinando lo que la Biblia sostiene como la fórmula correcta para la confianza. En los capítulos del dos al cuatro exploraremos el tema del temor, incluyendo cómo funciona el mismo, cómo puede causar estragos y los aspectos negativos y positivos de esta emoción tan poderosa. En los últimos tres capítulos centraremos nuestra atención en cómo el tipo correcto de temor nos ayuda a construir la clase correcta de confianza.

Siete capítulos en total.

Te sugiero que leas y estudies este libro junto con un grupo de amigas. Está lleno de instrucción bíblica sobre cómo aumentar la confianza. Con ese fin, he compilado preguntas de cada capítulo y ejercicios para ayudarte a poner en práctica el material.

Te beneficiarás de responder las preguntas de cada capítulo incluso si estudias el libro sola.

El hecho de que estés leyendo este prefacio me dice que la idea de tener una mayor confianza en ti misma despierta tu interés. Tal vez te sientas temerosa y quieras aprender a superar las inseguridades personales. Quizás suelas sentirte segura de ti misma, pero te enfrentas a un desafío especialmente difícil que te está sacudiendo. Es posible que estés buscando un impulso de confianza en general. O tal vez habitualmente te sientes con confianza, pero como cristiana quieres asegurarte de que sea del tipo correcto.

Sin importar la razón por la que escogiste este libro, creo que leerlo te ayudará. Por lo menos, debería desafiarte a repensar lo que crees acerca de este tema tan importante.

No obstante, en el fondo, espero que haga mucho más que eso. Oro que el Señor utilice estas páginas como un catalizador

- para ayudarte a colocar el temor en su lugar y abrir tus ojos al poder y la belleza de nuestro misterioso, temeroso y fascinante Señor;
- para llevarte a una asombrosa, impactante y emocionante conciencia de la gloria de Dios que te sacuda hasta la médula y vuelva a orientar radicalmente tu perspectiva; y

- para ayudarte a liberarte de todos los temores que te han hecho tropezar y te han mantenido derribada durante tanto tiempo como puedas recordar.

Al poner el temor en su lugar, te volverás más audaz, decidida y segura. Te convertirás en una mujer valiente con una determinación notable.

Intrépida.

Determinada.

Imperturbable.

El temor reverente te ayudará a vencer tu miedo a otras cosas, de modo que incluso tus temores más profundos puedan ser enfrentados con valor.

Te convertirás en una mujer fuerte y segura de sí misma, llena de la *verdadera* confianza.

1

UN PLAN DE ACCIÓN PARA LA CONFIANZA

> Lo que necesitamos es un plan de acción para
> la confianza —una clave de la confianza, si se
> quiere— que nos guíe en la dirección correcta.
>
> —Katty Kay y Claire Shipman, *La clave de la confianza*

Las mujeres presentan un problema evidente. Un problema del que rara vez se habla.

Aunque hemos adquirido competencias, todavía carecemos de confianza. Aunque podemos perseguir libremente nuestros sueños, todavía tropezamos con nuestras inseguridades. Aunque nos hemos preparado para rebosar de confianza en nosotras mismas, todavía estamos sumidas en la duda.

Sheryl Sandberg, la directora de operaciones de Facebook, ha retado a las mujeres a considerar esta pregunta importante: «¿Qué harías si no tuvieras miedo?».[1]

La incursión de Sandberg en la atención del público comenzó en la Conferencia TEDWomen de 2010.

Vestida con un estilo ejecutivo compuesto de una sencilla túnica gris, una clásica falda estrecha negra y tacones altos, se mantuvo parada en el centro del gran círculo rojo del orador, la base principal de las conferencias de TED.

Inmensas estatuas flanqueaban el escenario, vigilando su discurso como el coloso griego de Rodas que custodiaba el puerto de Mandraki. Una pantalla LED imponente de quince metros de alto magnificaba exponencialmente la imagen de Sandberg, dándole una presencia extraordinaria. Fue una escena muy impresionante, incluso según los estándares de TED.

La audiencia de Sandberg escuchó con atención mientras ella explicaba tranquilamente por qué las mujeres no llegan a la cima. Parte del problema, argumentó, es la actitud de los hombres. Sin embargo, otra parte es la mentalidad temerosa de las mujeres. Las mujeres tienen obstáculos internos que se interponen en el camino de su éxito. Y uno de los mayores obstáculos es la falta de confianza en sí mismas.[2]

«Nos limitamos de muchas maneras: no confiando en nosotras mismas, no levantando la mano para pedir la palabra, y batiéndonos en retirada cuando deberíamos avanzar hacia delante», escribió más tarde en su libro éxito de ventas según el *New York Times*.[3]

El temor es el mayor culpable. Sin que el temor se interponga en el camino, las mujeres serían libres de perseguir tanto el éxito profesional como la realización personal. «El temor se halla en la raíz de muchas de las barreras a las que se enfrentan las mujeres. El temor a no gustar. El temor a tomar la decisión equivocada. El temor a llamar la atención por motivos equivocados. El temor a extralimitarse. El temor a ser juzgada. El temor a fracasar».[4]

¿Qué harías si no tuvieras miedo?

Es una buena pregunta. Una que, para la mayoría de nosotras, toca una fibra sensible. Porque si somos francas, debemos admitir que el temor *sí* nos detiene. Hay muchas cosas que haríamos si no tuviéramos miedo.

El discurso original de Sandberg duró menos de quince minutos. Sin embargo, como una piedra que interrumpe la superficie quieta de un estanque, tuvo un profundo efecto expansivo. El video de su discurso se volvió viral, atrayendo millones de visitas. Su libro subsiguiente, *Vayamos adelante*, pronto se convirtió en un fenómeno cultural.

Sandberg llenó teatros, dominó las páginas de opinión, apareció en las portadas de revistas como *Time* y *Fortune*, y se presentó en todos los programas de televisión importantes, entre ellos *60 Minutes* y *Nightline*.[5] Ella fundó una organización mundial sin fines de lucro llamada Lean In [Vayamos adelante] para ayudar a las mujeres a enfrentar sus temores y lograr sus ambiciones.

Y eso sin mencionar los libros relacionados y los productos, las entrevistas, los artículos, la comunidad de Facebook estrechamente integrada y las decenas de miles de Círculos Lean In que llegaron a existir en ciento ochenta y cuatro países.[6] Un número incalculable de mujeres se dejaron llevar por el despertar de la emoción.

¿Por qué? ¿Cuál es el atractivo? ¿Por qué las mujeres están tan hambrientas de recibir el mensaje de Sandberg?

A primera vista, la enorme respuesta resulta desconcertante.

La idea de que una mujer debe creer en sí misma se ha promovido durante décadas. Fue en 1972 cuando «I Am Woman (Hear Me Roar)», la icónica canción pop de Helen Reddy, llegó a la cima de las listas. Desde ese momento, un flujo constante de bandas de chicas e himnos sobre el poder femenino han reforzado el mensaje de que las mujeres son fuertes e invencibles simplemente por el hecho de ser mujer.

Las camisetas femeninas lucen eslóganes comunes como:

¡Poder femenino!

¡Óiganme rugir!

¡Las chicas mandan!

¡Fuera de la cocina y a la Casa Blanca!

¡El futuro es femenino!

¡Soy mi propia heroína!

¿Quién dirige el mundo? ¡Las chicas!

¡Podemos hacerlo!

Durante más de medio siglo los mensajes de autoafirmación se han ejecutado en repetición automática como la única canción en la lista de reproducción de la mujer moderna. La cultura pop ha servido un banquete feminista durante décadas. El plato principal de Sandberg utiliza los mismos ingredientes. Entonces, ¿por qué las mujeres están tan hambrientas de su plato? ¿Cuál es el ingrediente estrella de su receta? ¿Qué sabor ha acentuado ella que crea un aroma tan tentador?

Simplemente este: *confianza*.

Sandberg expuso una dolorosa verdad sobre la que las mujeres rara vez hablan.

No estamos a la altura de lo que se espera que seamos.

La cultura nos ha criado para ser mujeres fuertes, seguras. Sin embargo, aunque parecemos confiadas en el exterior, en el interior no lo somos.

Para tomar prestada la analogía de Arianna Huffington, fundadora de *Huffington Post*, es como si una mujer tuviera una desagradable compañera de cuarto viviendo en su cabeza, diciéndole que su idea no funcionará, que la pregunta que quiere hacer es tonta, que no debe intentarlo, ya que inevitablemente fallará, y que debe pasar desapercibida en la esquina, porque para colmo de males, su cabello está teniendo un mal día.[7]

En *La clave de la confianza*, un éxito de ventas según el *New York Times*, las periodistas Katty Kay y Claire Shipman replican la afirmación de Sandberg de que la confianza en una misma es la clave del éxito personal y profesional de las mujeres. Ellas también se hacen eco de su preocupación con respecto a que, en las mujeres, la confianza es alarmantemente escasa.

La inseguridad es un «punto oscuro» que alcanza incluso a la más realizada de nosotras.

> Mientras conversábamos con mujeres, docenas de ellas, todas con grandes logros y credenciales, no cesábamos de chocar con un enigma que ni siquiera podíamos identificar, una fuerza que evidentemente nos frena a todas... Tras dos décadas de cubrir la política en Estados Unidos, hemos entrevistado a algunas de las mujeres más influyentes de la nación. En nuestro trabajo y nuestra vida nos codeamos con personas que supondríamos que desbordan confianza. No obstante, luego de una inspección más atenta con un nuevo enfoque, nos sorprendió descubrir hasta qué punto en los centros de poder de este país las mujeres dudan de su propia capacidad.[8]

Las mujeres poderosas que Kay y Shipman entrevistaron eran «fantásticamente capaces».[9] Sin embargo, de manera extraña, todavía carecían de confianza. Para algunas de estas triunfadoras el tema mismo era incómodo; esto revelaba una debilidad que se mostraban reacias a admitir que tenían.

Las mujeres tienen un problema de confianza en sí mismas.

Carecen de la confianza que los hombres parecen tener a montones.

No obstante, esta falta de confianza no se limita a las mujeres que caminan por los pasillos llenos de poder en Washington u ocupan oficinas espaciosas en las compañías estadounidenses. De hecho, si *esas* mujeres luchan, imagínate cómo es para el resto de nosotras.

Sin duda has sentido esas emociones inquietantes que te carcomen el estómago: la vacilación de hablar por miedo a avergonzarte o decir algo estúpido. La renuencia a ser voluntaria para un puesto porque tienes miedo de decepcionar. La angustia agonizante de que alguien va a abrir un agujero a través de tu frágil fachada y descubrir que eres una impostora.

Estos sentimientos están dentro de todas nosotras. Solo que los mantenemos reprimidos donde nadie pueda verlos.

Tanto si se trata de

- oficinista u obrera, sala de juntas o recibidor, rascacielos o granero;
- zapatillas o sandalias, de diseño o de segunda mano, talla pequeña o talla grande;
- pop o hip-hop, ensalada o bistec, Prius o Ram...

Ya sea que pases el día cambiando pañales sucios o negociando acuerdos corporativos, lo más probable es que también luches con tus inseguridades, miedos y dudas.

¿No sería bueno encontrar una manera de conquistar todos esos pensamientos molestos y sentimientos negativos?

HAY MUCHO EN JUEGO

Numerosos estudios académicos confirman que el miedo está paralizando a las mujeres.

El «Informe global de belleza y confianza de Dove» (Dove Global Beauty and Confidence Report), realizado en el año 2016 y basado en entrevistas a 10.500 mujeres en trece países, reveló que la inseguridad causa que casi todas las mujeres (ochenta y cinco por ciento) y las niñas (setenta y nueve por ciento) opten por no participar en actividades importantes de la vida, como unirse a un club o un curso, expresar una opinión, o interactuar con otros.[10]

Al comparar la confianza de las niñas con la de los niños, los investigadores no encontraron ninguna diferencia hasta alrededor de la edad de doce años. Sin embargo, en los años de la adolescencia, la confianza de las niñas cae un treinta por ciento. Ellas se vuelven «drásticamente menos seguras de sí mismas». Y con demasiada frecuencia este sentimiento persiste.[11] La brecha de confianza se extiende hasta la adultez. En general, las mujeres tienen mucha menos confianza en sí mismas que los hombres.

Hace unos años, el gigante de la tecnología de la información Hewlett-Packard encargó un estudio para determinar cómo lograr que más mujeres ocuparan puestos directivos. Los autores descubrieron que los empleados varones solicitaban ascensos cuando pensaban que podían cumplir con el sesenta por ciento de los requisitos laborales. Por otra parte, las mujeres solo se postulaban para un ascenso cuando creían que cumplían con el cien por ciento de los requisitos del trabajo. «Así, en esencia», Kay y Shipman concluyeron, «las mujeres solo nos sentimos seguras cuando somos perfectas. O prácticamente perfectas».[12]

Casi cuatro de cada cinco mujeres, el setenta y ocho por ciento, se sienten presionadas para no cometer errores ni mostrar debilidad.[13]

Un estudio tras otro demuestra que las mujeres son menos propensas a considerarse competentes, más inclinadas a tomar la crítica de manera personal, y más dadas a disculparse por cosas que no son su culpa.

La falta de confianza es un problema generalizado.

Y uno grave.

La razón por la que es grave radica en que esta característica negativa no suele presentarse sola. La misma abre la puerta e invita a toda una serie de otros huéspedes indeseables como la autonegligencia, la autocrítica, los celos, la búsqueda de atención, la manipulación, la complacencia, el pesimismo, el perfeccionismo, la ansiedad y la depresión.

Las personas que tienen un problema de confianza luchan mucho más en el trabajo y sus relaciones. Ellas enfrentan dificultades para navegar por la vida.

Estamos hablando aquí de un tema importante.

Hay mucho en juego.

Los psicólogos afirman que la falta de confianza es la raíz de la mayoría de los demás problemas. Es el común denominador que observan entre los pacientes, sin importar la razón por la que el paciente inicialmente buscó ayuda.[14]

Un déficit de confianza nos afecta negativamente en todo tipo de maneras. No obstante, lo contrario también es cierto. Una dosis saludable de confianza conlleva muchos beneficios positivos.

La confianza está vinculada a casi todo lo que queremos en la vida: el éxito laboral, las relaciones seguras, un sentido positivo de nuestra propia persona y la felicidad.

La confianza

- nos permite superar las inseguridades,
- nos anima a enfrentar nuestros miedos,
- nos equipa para tener éxito en las relaciones,
- nos da energía para superar los obstáculos,
- nos empodera para alcanzar nuestro potencial,
- nos eleva para alcanzar el éxito, y
- nos confiere paz y felicidad.

Los expertos sostienen que la confianza es el ingrediente secreto. La identifican como un elemento esencial del bienestar interno y una necesidad para una vida plena. «Con ella, puedes enfrentar al mundo; sin ella, nunca desarrollarás tu potencial».[15] Si tan solo pudiéramos descifrar la «clave de la confianza», obtendríamos lo que nuestros corazones desean.

Es evidente que las mujeres modernas están experimentando una pandemia de miedo, ansiedad e inseguridad. Los autores populares afirman que la cura es una mayor confianza en una misma. Sin embargo, a pesar de todos los libros, películas y mensajes positivos, las mujeres siguen luchando con la confianza. ¿Podría ser que falte algo en estas respuestas populares?

CÓMO DESCIFRAR LA CLAVE

La Biblia tiene mucho que decir acerca de los problemas de confianza. Cuando el pueblo de Dios se enfrentaba a un enemigo intimidante, él les aconsejó: «En la tranquilidad y en la confianza está su fortaleza» (Isaías 30:15, NTV). Al parecer, la confianza tranquila era el rasgo que podría hacerlos fuertes. Confianza era lo que necesitaban para sobrevivir, ser más listos y superar a sus oponentes.

El rey Salomón, el hombre más sabio que haya existido por siempre, afirmó la importancia de la confianza en su colección de proverbios. Él instruyó a su hijo: «El SEÑOR será tu confianza, y guardará tu pie de ser apresado» (Proverbios 3:26, LBLA). Salomón sabía que la confianza ayudaría a su hijo a tener éxito en la vida. Le impediría tropezar.

El profeta Jeremías también enfatizó la importancia de la confianza. Él afirmó: «Bendito el hombre que confía en el SEÑOR y pone su confianza en él» (Jeremías 17:7). *Bendito*, como sabrás, significa feliz. Las personas llenas de confianza son felices.

David, a quien la Biblia identifica como un hombre según el corazón de Dios, a menudo cantaba sobre la confianza. De hecho, los eruditos incluso clasifican varios de sus salmos como «salmos de confianza».

«Mi corazón está confiado en ti, oh Dios; mi corazón tiene confianza», cantaba David (Salmos 57:7, NTV). «Mi corazón está confiado en ti, oh Dios; ¡con razón puedo cantar tus alabanzas con toda el alma!» (Salmos 108:1, NTV).

David descifró la clave de la confianza. Su seguridad interior habría sido la envidia de las mujeres de Lean In. Evidentemente, él no necesitaba leer un libro de autoayuda o participar en un Círculo Lean In para llegar al lugar donde todas nosotras anhelamos estar.

¿No desearías tener la confianza que tenía David? Una del tipo que te hace entonar una canción y declarar con seguridad: «¡Mi corazón está *confiado* en ti, Dios, mi corazón está *confiado* en ti!».

Resulta interesante notar que estos versículos confirman lo que la investigación moderna ha descubierto que es cierto. Las personas seguras de sí mismas son más fuertes, más felices y más capaces de afrontar los desafíos de la vida. Los gurús de la confianza acertaron en esa parte. Sin embargo, lo más importante es que estos versículos sugieren que la Escritura tiene la llave para descifrar la clave de la confianza. Está claro que la confianza es un atributo vital que el pueblo de Dios debe poseer y buscar. Por lo tanto, la pregunta que debemos considerar es: ¿qué aspecto tiene la confianza de Dios y cómo la obtenemos?

DOS PARTES DE VOLUNTAD

Una vez escuché describir la confianza como «una parte de descaro y dos partes de voluntad». ¿Qué te viene a la mente cuando oyes la frase *mujer segura de sí misma*? ¿Qué cualidades posee tal mujer? Extraje descripciones de algunos artículos y libros. También realicé una encuesta de opinión. He aquí un resumen de lo que la mayoría de la gente piensa que implica la confianza. Una mujer segura:

- cree en sí misma,
- es independiente,
- es competente,
- se enorgullece de sus logros,
- conoce su propia mente,
- tiene visión e impulso,
- se mantiene firme,
- mantiene la serenidad,
- se viste para el éxito,
- expresa sus opiniones,
- muestra su potencial,
- actúa como jefa,
- toma decisiones con certeza,
- no se deja intimidar,
- va tras lo que quiere,
- no retrocede,
- cuestiona la norma,
- asume riesgos,
- se esfuerza por llegar a la cima,
- retrata el éxito,
- levanta la mano,
- va adelante.

Si esperas calificar como un modelo a seguir de la confianza femenina, probablemente también necesites ser poderosa, rica y famosa. El mundo les atribuye la confianza a aquellas que han llegado a la cima. Celebridades como Sheryl Sandberg, JLo o Kamala Harris, por nombrar a algunas.

Entonces, si una mujer exhibe todas las cualidades de la lista, ¿eso la convierte en una mujer segura de sí misma? ¿Atravesar las barreras laborales y llegar a la cima es de lo que trata la confianza? Aparentemente no. Porque, como Kay y Shipman descubrieron, las mujeres poderosas luchan con la confianza tanto como tú y yo. Solo porque hayan dominado el arte de alzar la voz y mantenerse firmes no significa que hayan obtenido confianza.

¿Y qué pasa con la mujer que anda encorvada, no se viste para el éxito, no tiene nada de que pavonearse y no está ni remotamente interesada en ser la jefa? ¿Acaso su fracaso en cumplir con el patrón indica que carece de confianza? ¿Debemos concluir que está llena de inseguridades solo porque no vaya adelante ni adopte una postura de poder?

¿Y qué hay de la mujer que alimenta a los cerdos en la granja? ¿O la que vende hamburguesas en McDonald's? ¿O qué hay de la frágil abuelita con artritis en el hogar de ancianos? La idea de que la confianza requiera un conjunto específico de conductas y esté limitada solo a aquellas en puestos de liderazgo deja a la confianza fuera del alcance de mujeres como estas.

Me parece que tenemos que descartar nuestras nociones preconcebidas, volver al punto de partida y llegar a una definición práctica. ¿Qué es exactamente la confianza? No podemos esperar descifrar la clave si no tenemos una comprensión clara de lo que buscamos.

La mayoría de las personas considera la confianza como un sentimiento: *me siento confiada de que puedo correr esos 5K en menos de cuarenta minutos.* La confianza se compara con la calma, la paz mental y la fe en que lo lograrás.

Sheryl Sandberg, por ejemplo, define la confianza como creer en tus capacidades.[16] Tony Robbins, el rey de la autoayuda, concuerda: «Tener confianza no es nada más que la creencia en ti mismo. Es el sentimiento de certeza de que puedes lograr todo lo que te propongas».[17]

El problema de comparar la confianza con un sentimiento reside en que los sentimientos no siempre se alinean con nuestra capacidad para enfrentar un desafío. Las personas te dirán que se sienten confiadas cuando, en su interior, son un manojo de nervios. O lo contrario. Te dirán que sienten que no tienen lo necesario y luego avanzan con audacia. ¿Cuál es la mujer segura de sí misma? ¿La que cuestiona su capacidad, pero da un paso adelante y se arriesga de todos modos? ¿O la mujer que con confianza se jacta de que puede hacerlo, pero no tiene las agallas para seguir adelante?

Kay y Shipman argumentan que la confianza no es simplemente *sentirnos* bien con nosotras mismas y *sentir* que podemos hacer lo que nos propongamos.[18] Esta implica también una acción: hacer o pensar o incluso decidir, lo cual es congruente con la definición del profesor de psicología Richard Petty de que «la confianza es lo que convierte los pensamientos en acciones».[19]

Esta definición toca un aspecto de la confianza que está implícito, pero que no se aborda expresamente en el diccionario. La confianza es más que un sentimiento. Es más que una conciencia de poder. Es una conciencia de poder que nos *mueve* a la acción. La confianza afecta lo que hacemos.

Cuando estamos seguras de nosotras mismas, estamos *obligadas* por el poder que sentimos que tenemos a nuestra disposición. Ponemos nuestra confianza en ese poder. Damos un paso de fe, creyendo que es suficiente para la tarea en cuestión. La confianza no implica solo ser consciente del poder, como el sujeto que tiene un Ferrari estacionado en el garaje, pero nunca lo lleva a dar un paseo. La confianza es una conciencia del poder que nos obliga a pensar, sentir y comportarnos de una manera audaz.

El hecho de que la confianza es el combustible para la acción se vuelve cada vez más evidente cuando leemos la lista de palabras que el diccionario identifica como sinónimos.

CONFIANZA

fe, seguridad, certeza
coraje, audacia, agallas
valor, osadía
valentía
resolución, determinación
tenacidad, fortaleza
empuje, ánimo
vigor[20]

El antónimo de confianza es *difidencia*. Es posible que no hayas oído esa palabra antes. Es un término anticuado que está en gran parte ausente de la lengua vernácula popular. Hoy en día, la mayoría de las personas utilizan la palabra *inseguro* en su lugar. No obstante, *difidencia* es una palabra importante que debemos conocer cuando se estudia la confianza. Eso se debe a que la confianza y la difidencia son opuestas entre sí.

Tanto los términos *confianza* como *difidencia* se remontan al verbo en latín *fidere*, que significa «confiar». Ambos tienen que ver con la cantidad de confianza que una persona deposita en alguien o algo. La palabra *confianza* añade el prefijo intensificador *con-*, que significa «mucho de», mientras que *difidencia* añade el prefijo *dif-*, que significa «la ausencia de».

Confianza significa que alguien tiene mucha seguridad en uno mismo.

Difidencia significa que carece de confianza.

Ambas palabras se han utilizado desde el siglo quince y generalmente hacen referencia a cuánta confianza una persona deposita en sí misma. Las personas llenas de confianza depositan mucha seguridad en sí mismas. Las personas con difidencia no lo hacen. Cuando se trata de su propia capacidad, carecen de confianza.

DIFIDENCIA
(Falta de confianza)

duda, inseguridad, desconfianza

renuencia, vacilación

cobardía

retraimiento, retiro

estremecimiento, falta de determinación

timidez,

miedo[21]

Las mujeres confiadas son valientes; las mujeres difidentes son tímidas y vergonzosas. Las mujeres confiadas actúan de una manera audaz; las difidentes permanecen paralizadas por el miedo. Y a diferencia de las mujeres difidentes, las confiadas se atreven. ¿Qué tipo de mujer preferirías ser?

Pues la mujer con confianza, capitana Obvio.

¡Por supuesto que quieres ser una mujer con confianza y no una difidente! Yo quiero ser una mujer segura de mí misma. Quiero que mis nueras y mis nietas sean mujeres con confianza. Quiero que mis amigas sean mujeres con confianza. Quiero que tú seas una mujer llena de confianza.

La pregunta es: ¿cómo? ¿Cómo transformas tus *imposibilidades* en *posibilidades*? ¿Cómo conviertes tu cobardía en valentía?

Decirle a una mujer que se siente difidente: «Solo ten más confianza» es como decirle a una refugiada demacrada: «Tienes que comer más». Eso no funciona. La refugiada necesita encontrar un lugar seguro y una buena fuente de comida confiable antes de que pueda hundir sus dientes en algo que satisfaga su hambre.

No podemos ocuparnos de nuestra falta de confianza simplemente resolviendo tener más confianza. Una mirada introspectiva —como nos aconsejan los expertos en sí mismos— es una solución sin sentido. La razón por la que buscamos más confianza es porque esos depósitos están vacíos.

LA CONFIANZA ES SEGURIDAD

Hemos descubierto que confianza proviene del término en latín que significa «mucha seguridad» o «firmemente seguro». El concepto de seguridad es central para la perspectiva bíblica sobre la confianza. Tan central que la Biblia usa las palabras *seguridad* y *confianza* de manera intercambiable.

Por ejemplo, cuando Elifaz, el amigo de Job, acusó a Job de confiar en su gran riqueza en lugar de confiar en Dios, Job negó rotundamente la acusación. Él afirmó que nunca había «puesto *en* el oro [su] *confianza*, [ni le había] dicho al oro fino: *"Tú eres* mi *seguridad"*» (31:24, NBLA, énfasis añadido).

Es interesante señalar que en este versículo la versión en inglés Christian Standard Bible usa la palabra *seguridad* donde la English Standard Version usa la palabra *confianza*, y *confianza* donde la otra versión usa la palabra *seguridad*. Así, en esta segunda traducción, el oro es la *seguridad* de Job y el oro fino su *confianza*. ¿Por qué el intercambio? ¿Acaso se confundió el traductor? No. La razón del intercambio de palabras se debe a que la Biblia considera la *confianza* y la *seguridad* como un mismo concepto. Las palabras hebreas en este versículo se pueden traducir de cualquiera de las dos maneras.

La *confianza* significa seguridad. La *seguridad* quiere decir confianza.

Hay algo muy interesante acerca de Job 31:24. Aquí Job usó un tipo de poesía hebrea llamada paralelismo. Esto significa que las dos líneas se imitan. La segunda línea dice exactamente lo mismo que la primera, aunque de una manera ligeramente diferente. El paralelismo refuerza el hecho de que poner tu confianza en el oro y llamarlo tu seguridad significan lo mismo.

La *confianza* significa seguridad. La *seguridad* quiere decir confianza.

La primera línea de Job 31:24 usa una palabra hebrea ligeramente diferente para confianza/seguridad que la segunda. Esto también es significativo. La palabra en la primera línea, *kesel*, significa «confianza o seguridad». El término en la segunda línea, *mibtah*, significa «el objeto de la confianza o la seguridad de uno». ¿Por qué es esto significativo? Porque indica que la Biblia ve la confianza y el objeto o la fuente de esa confianza como inseparablemente vinculados.

Cuando la Escritura habla de confianza, casi siempre menciona la fuente de esa confianza. En otras palabras, en lugar de simplemente hablar de una manera general acerca de una persona que posee confianza, como nosotras solemos hacerlo, la Biblia usualmente indica el objeto en el que la persona deposita su confianza.

Por ejemplo, cuando el profeta Jeremías reprendió al pueblo de Moab, no lo regañó diciendo: «¡Estabas demasiado confiado!». En cambio, su reproche fue el siguiente: «Confiaste en tus bienes y en tus tesoros» (Jeremías 48:7, RVR1960).

La confianza no tiene lugar en un vacío. Siempre está unida a alguien o algo.

El diccionario define *confianza* como «la seguridad o fe en alguien o algo».[22]

La Biblia concuerda.

Sin embargo, tiene un énfasis distinto.

A ella le interesa particularmente en qué *persona o cosa* estamos poniendo nuestra *confianza o fe.*

CONFIANZA EN LA CONFIANZA

A mi nieta mayor, Clara, le encanta *La novicia rebelde*, la película clásica de 1965. En la película, María (Julie Andrews) entra en pánico cuando deja la seguridad de la abadía a fin de ir a trabajar como institutriz para la familia von Trapp. A pesar de que está emocionada con la nueva aventura, se siente abrumada por la duda y la preocupación en cuanto a su capacidad para manejar a siete niños. Ella irrumpe en una canción —es un musical, después de todo— con el objetivo de reforzar su confianza en sí misma y asegurarse de que, de hecho, tiene lo que se necesita.

Mientras se abre paso a través del pueblo desde la abadía hasta la finca von Trapp, declara: «Hoy soy capaz de convencer al mundo… veo nacer una gran confianza en mí». A medida que la canción avanza, se recuerda a sí misma todas las cosas que contribuyen a su sentido de confianza. Confía en el sol que brilla. Confía en la lluvia. Confía en que volverá a ver la primavera. Al final de la canción, María canta a viva voz esta declaración: «Alegre, pongo el corazón en todo. Lo que quiero a mí vendrá. Hay que confiar tranquila y sin temor. ¡Pues solo así tendré confianza en mí!».[23]

La canción es realmente muy profunda. Reconoce que entregamos nuestros corazones a las cosas en las que ponemos nuestra confianza. Esto refleja una verdad que se expresa en la Biblia. No hay una línea clara que divida nuestra confianza de su fuente. «Lo que quiero a mí vendrá».

La confianza de María en sí misma está conectada a su confianza en las fuentes externas. Ella incluso deposita su confianza en «la confianza». En otras palabras, elige tener fe en el concepto mismo de la confianza. Todo el mosaico de fuentes internas y externas en las que pone su confianza contribuye a su declaración de que tiene «confianza en mí».

La confianza se trata de en quién o en qué confías. Una mujer puede confiar en sus propias capacidades. O puede confiar en su belleza, sus posesiones, su posición social o su situación financiera. Puede confiar en otra persona, en las autoridades gubernamentales, en el poder militar de su país o en cualquier otra persona o cosa. Al igual que María en *La novicia rebelde*, incluso podría poner su confianza en la noción de ser una mujer segura de sí misma.

La identificación de la confianza como proveniente de una fuente específica está ausente en gran medida en los debates modernos sobre la confianza. Por ejemplo, digamos que hay una enfermera llamada Brittney que trabaja en la sala de cardiología del hospital local.

Brittney es buena en su trabajo. Con los años ha ascendido hasta convertirse en la jefa de enfermería. A Brittney se le conoce por su conocimiento, su competencia, sus habilidades para tomar decisiones, la atención consciente de los pacientes, y también por confrontar a los residentes y médicos, especialmente a aquellos que son condescendientes. Brittney ofrece de manera asertiva pero respetuosa su opinión sobre el diagnóstico y el cuidado de los pacientes en su sala. En más de una ocasión su intervención incluso ha salvado la vida de un paciente.

Los colegas describen a Brittney como segura de sí misma. Sin embargo, esa descripción no explica realmente de dónde proviene su confianza. ¿Es Brittney una mujer segura de sí misma porque tiene las habilidades y la experiencia adecuadas? ¿Porque confía en la experiencia de los otros profesionales de la salud de su equipo?

¿Porque tiene acceso al equipo cardiológico más avanzado? La confianza de Brittney se puede basar en un número de cosas.

Quizás ella sea una cristiana devota. Tal vez susurra una oración mientras aborda su trabajo, pidiéndole al gran Sanador que le conceda sabiduría. En ese caso, ¿sería incorrecto decir que Brittney tiene confianza en sí misma?

A menudo, las personas colocan la expresión *en mí mismo* después de la palabra *confianza* para indicar que creen en su propia capacidad y no en la de alguien más. Reconocen que hay una diferencia entre confiar en una fuente externa como la base de la confianza de uno y confiar en las propias capacidades inherentes. Sin embargo, la confianza y la confianza en uno mismo no pueden diseccionarse tan claramente. Las fuentes internas y externas de la confianza están tan entrelazadas que son prácticamente indivisibles. Como señaló María: «Lo que quiero a mí vendrá».

Considera este escenario: la enfermera Brittney se enorgullece de haber obtenido su título en una prestigiosa escuela. No obstante, ¿y si la reputación de la escuela se viera manchada a raíz de un escándalo público masivo? ¿Y si Brittney comenzara a sentirse avergonzada del lugar donde obtuvo su educación? Aunque Brittney no tuviera nada que ver con la desgracia de su escuela, el acontecimiento seguro influiría en la forma en que considera sus credenciales educativas. Lo externo no se puede separar de lo interno. Están estrechamente conectados.

La mayoría de las personas usan las palabras *confianza* y *confianza en sí mismo* de manera indistinta. Para ellos, los dos términos expresan el mismo concepto. Después de todo, ya sea que Brittney obtenga la confianza de su educación, sus habilidades, los compañeros de trabajo en los que confía o su relación con Dios, la confianza es suya. Aunque ella misma no sea la fuente de la confianza de una mujer, es siempre el recipiente para esta. Incluso si dejas a un lado el *en mí misma*, la confianza todavía está conectada a tu ser.

Lo complejo del término *confianza en mí misma* es que no tenemos forma de saber con certeza si una mujer confía en sí misma o en otra cosa. A veces ni siquiera podemos discernir en qué estamos realmente confiando. Nuestros corazones pueden ser engañosos.

Pienso en Belinda, una mujer de treinta y tantos años que conocí y que estuvo involucrada en un terrible accidente de auto. Belinda era gerente de mercadotecnia en una empresa de suministros. Aunque fue capaz de volver al trabajo después de recuperarse, se quedó con una severa cojera, un brazo izquierdo doblado, un ojo entreabierto, dificultades en el habla y la continua necesidad de secar la saliva que con frecuencia goteaba del labio inferior de su boca.

«Si me hubieras preguntado hace unos años si estaba depositando mi confianza en mi apariencia, te habría dado un rotundo no», dijo Belinda. «Nunca fui alguien que se quejara de su apariencia ni se obsesionara por estar a la moda. Te habría dicho que mi confianza venía solo de Dios». Belinda se detuvo para secar su boca. Luego continuó: «El accidente reveló los ídolos de mi corazón. Me di cuenta de cuánta confianza estaba depositando en otras cosas. Mi apariencia era una de ellas».

Dios quiere que seas una mujer segura de ti misma, pero no una mujer cuya confianza dependa de sí misma. El interés principal de la Biblia es que deposites tu confianza en Dios y no en poderes menores. Cuando tienes confianza en Dios, tendrás toda la seguridad en ti misma que necesitas.

ALEGRE, PONGO EL CORAZÓN EN TODO

El Antiguo Testamento usa cuatro palabras hebreas principales para hacer alusión al término *confianza*. Nos encontramos con dos de ellas en Job 31:24. Aunque las cuatro palabras a menudo se intercambian y se utilizan de modo indistinto, tienen matices de significados ligeramente diferentes:

CONFIANZA

1. **BATAH:** depositar la confianza/seguridad en una persona o cosa.
2. **MIBTAH:** el objeto de la confianza o seguridad propia.
3. **AMAN:** seguridad firme, confianza sólida.
4. **KESEL:** confianza ingenua, seguridad insensata.

BATAH

La palabra *batah* significa confianza o seguridad en alguien o algo basada en la supuesta fuerza de esa persona o cosa. La palabra tiene matices de firmeza o solidez. *Batah* indica que me siento a salvo, segura o despreocupada. Siento una sensación de bienestar y seguridad, porque tengo algo digno de confianza de lo que puedo depender.

Isaías 12:2 es un buen ejemplo: «¡Dios es mi salvación! Confiaré [estaré seguro; *batah*] en él y no temeré. El SEÑOR es mi fuerza, el SEÑOR es mi canción; ¡él es mi salvación!». La razón por la que Isaías se sentía seguro era porque sabía que Dios era fuerte y confiable. Depender de la fuerza de Dios lo hizo sentir a salvo, seguro, despreocupado y sin temor.

Aunque es indudablemente cierto que Dios es fuerte y confiable, eso puede o no ser el caso de otras cosas en las que depositamos nuestra confianza. Nuestra presunción acerca de la fuerza de algo o alguien puede estar equivocada. Nuestra confianza puede estar fuera de lugar. Por ejemplo, Proverbios 11:28 (NBLA) advierte que «el que confía [*batah*] en sus riquezas, caerá».

Como puedes ver, *batah* habla de la confianza de una manera general, sin dar ninguna indicación de si esa confianza está bien colocada o no. Puedo poner mi confianza (*batah*) en Dios, pero también puedo depositar mi confianza (*batah*) en cosas que finalmente me defraudarán.

MIBTAH

La siguiente palabra hebrea, *mibtah*, está estrechamente relacionada con *batah*. La principal diferencia es que *batah* se usa más como un verbo, mientras que *mibtah* se utiliza más como un sustantivo. *Batah* se refiere a la confianza que pongo en algo. *Mibtah* se refiere a ese «algo» en lo que deposito mi confianza. Ese «algo» en realidad *es* mi confianza.

Por ejemplo, Proverbios 21:22 dice que un hombre sabio conquista la ciudad de los valientes y derriba su *mibtah*. En este proverbio, el sabio habla de los habitantes de una ciudad que tenía un botín. Ellos se veían a sí mismos como valientes. ¿Por qué? Porque tenían confianza en la fortaleza de sus murallas. La fortaleza de la ciudad los hacía sentirse seguros y protegidos. Hay un matiz en el idioma original que se ha perdido en nuestras traducciones al español. Ellos no solo *depositaron* su confianza en la ciudad. La ciudad *era* su confianza.

Batah y *mibtah* se refieren a la confianza que una persona pone en alguien o algo. Sin embargo, las palabras son neutrales. No indican si esa confianza está bien depositada, si el objeto de la confianza es fuerte y confiable o débil y poco fiable. Las dos últimas palabras hebreas, *aman* y *kesel*, proporcionan una mejor valoración. Estas expresiones nos dan pistas acerca de si poner nuestra confianza en algo es una buena idea. La evaluación está integrada.

AMAN

Aman significa poner tu confianza en algo seguro. Esta es una confianza con fundamentos sólidos o una seguridad firme.

La palabra indica que el objeto de tu confianza es genuinamente capaz, confiable, fiable, seguro y verdadero. Eres inteligente al poner tu confianza en ese objeto. Has depositado tu confianza con sabiduría.

No te sorprenderá entonces que *aman* se utilice con mayor frecuencia en el contexto de confiar en el Señor. Más de la mitad de sus apariciones tienen que ver con confiar o creer en él. «Abram creyó [*aman*] al SEÑOR, y el SEÑOR se lo reconoció como justicia» (Génesis 15:6).

Aman es la raíz de la cual obtenemos la palabra *amén*. *Amén* tiene mucho más significado que solo ser la última palabra de una oración. En los tiempos bíblicos, la respuesta de «amén» después de una declaración era un medio para que los adoradores expresaran su acuerdo con lo que el orador acababa de decir.

Amén es una afirmación o endoso que significa «¡Así sea!» o «¡Sí! ¡Puedes estar seguro de esto!». En el lenguaje moderno de los emojis, decir «amén» es como responder un texto con una cadena de pulgares hacia arriba.

Uno de los nombres de Dios es *Elohim Amen*, «el Dios del amén». Este nombre de Dios indica que él es fiel y verdadero. Es nuestra roca firme y alguien digno de confianza.

Cuando ponemos nuestra confianza en Dios, podemos estar seguras de que se encuentra en el lugar correcto.

KESEL

La última palabra hebrea para confianza, *kesel*, significa confianza ingenua o seguridad insensata. Este término se deriva de una palabra que significa necedad y estupidez. Usualmente indica que estamos poniendo nuestra confianza en el lugar equivocado.

Creo que estarás de acuerdo en que de manera inocente a veces ponemos nuestra confianza en las cosas incorrectas, ya sea nuestra capacidad, educación, trabajo, finanzas, belleza, salud, relaciones, independencia, libertad, estabilidad política o económica, o cualquier otra cosa. La mayoría de nosotras hemos descubierto que aquello en lo que ponemos nuestra confianza puede fallar y resultar poco confiable. El dolor, la decepción y el miedo resultantes pueden ser profundos (¿alguien se acuerda del COVID-19?).

Las palabras hebreas que la Biblia utiliza para confianza nos enseñan bastante:

- Ponemos nuestra confianza o seguridad en alguien o algo a partir de lo que suponemos que es la fuerza de esa persona o cosa.
- Al Señor le interesa cuán fuerte es el objeto de nuestra confianza.
- Hay un tipo correcto y un tipo incorrecto de confianza. El tipo correcto de confianza implica depender de algo fiable y sólido. El incorrecto implica depender de algo engañoso y débil.

Ah, cuánto necesitamos aprender a poner nuestra confianza en las cosas correctas... y no en cosas que en última instancia nos defraudarán.

UNA HISTORIA DE DOS CONFIANZAS

Si eres alguien que siente pasión por la literatura, es probable que tengas en tu biblioteca personal una copia de *Historia de dos ciudades*, la novela histórica de Charles Dickens. El resto de nosotras nos vimos obligadas a leer esta obra maestra literaria en la escuela secundaria o la universidad, pero no nos enamoramos lo suficiente como para comprar una copia, a pesar de que se promociona como la novela más vendida de todos los tiempos.

Publicado en 1859, el clásico de Dickens cuenta la historia de personas que vivieron en Londres y París antes y durante la Revolución francesa. El libro es quizás mejor conocido por su línea de apertura tan citada:

> Era el mejor de los tiempos, era el peor de los tiempos, la edad de la sabiduría, y también de la locura; la época de las creencias y de la incredulidad; la era de la luz y de las tinieblas; la primavera de la esperanza y el invierno de la desesperación. Todo lo poseíamos, pero no teníamos nada; caminábamos en derechura al cielo y nos extraviábamos por el camino opuesto...[24]

Nota que esta *larga* oración de apertura (y ni siquiera cité todo el fragmento) se compone de una serie de contrastes. Aquí, y a lo largo del resto del libro, Dickens utilizó un recurso literario llamado «antítesis». Esa es una forma elegante de decir que presentó un conjunto de pensamientos o ideas contrarios que caen en dos categorías opuestas.

Es la historia de *dos* ciudades: Londres versus París, lo mejor versus lo peor, la sabiduría versus la locura, la creencia versus la incredulidad, la luz versus las tinieblas, la esperanza versus la desesperación, todo versus nada, el cielo versus el infierno.

De la misma manera, la Biblia clasifica la confianza en dos categorías opuestas. Cuenta una historia de dos confianzas, por así decirlo. Hay una clase correcta y una clase incorrecta. Una clase fuerte y una clase débil. Una clase sabia y una clase necia. Una clase confiable y otra poco fiable. Una clase que te sostendrá y otra que te defraudará.

Podríamos tomar la lista de contrastes positivos y negativos de Dickens y añadir las palabras hebreas *aman* y *kesel* a la mezcla. Cuando se trata de confianza, tenemos *aman* versus *kesel*, lo mejor versus lo peor, lo sabio versus lo necio, creer versus dudar, la luz versus las tinieblas, la esperanza versus la desesperación, todo versus nada, celestial versus infernal, potente versus impotente, fuerte versus frágil. Entiendes el concepto.

La Biblia, como un todo, contrasta la seguridad del tipo de confianza que proviene de depender de Dios con la locura de cualquier otro tipo de seguridad. La mujer que deposita su confianza en el Señor será bendecida y estará segura, mientras que la que pone su confianza en otras cosas está destinada al dolor, la decepción y los problemas.

Quiero presentarte dos versículos que describen sucintamente las dos categorías de confianza de la Biblia:

1. CONFIANZA FUERTE/SABIA: «En el temor del Señor hay confianza segura» (Proverbios 14:26, NBLA).
2. CONFIANZA DÉBIL/NECIA: «Porque es frágil su confianza, y una tela de araña su seguridad» (Job 8:14, NBLA).

Me referiré a estos dos versículos varias veces a lo largo del resto del libro. Los examinaremos detalladamente más adelante. Sin embargo, por ahora solo quiero que notes que la Biblia contrasta el tipo de confianza que es fuerte y sabia con el tipo que es débil y necia.

Y además, como tal vez ya hayas notado, la clave de la confianza de la Biblia sigue una fórmula distinta.

¿Estás lista para algunos problemas matemáticos?

Mi nuera, Jacqueline, es contadora. Una genio de las matemáticas.

¿Yo? No tanto.

Hace apenas unos años, durante el período de declaración de impuestos, Jacqueline me enseñó que se suponía que las cifras en mi balance debían estar equilibradas. ¿Quién lo iba a saber?

Las matemáticas definitivamente no son mi punto fuerte. Así que, para que yo «entienda», necesito una ecuación que sea extremadamente simple. Y por suerte, la fórmula para la confianza lo es. Es bastante fácil de entender para un estudiante de primaria. Aquí te resumo la clave de la confianza de la Biblia:

CONFIAR EN DIOS > CONFIAR EN OTRAS COSAS = CONFIANZA FUERTE/SABIA
CONFIAR EN DIOS < CONFIAR EN OTRAS COSAS = CONFIANZA DÉBIL/NECIA

Todo depende de la dirección de ese símbolo en forma de V. La calidad de mi confianza depende de si se inclina a la izquierda como un símbolo mayor que (>) o a la derecha como un símbolo menor que (<). La Biblia enseña que cuando dependo de Dios *más* que (>) de otras cosas, tomo una decisión inteligente y mi confianza es fuerte. No obstante, si dependo de Dios *menos* que (<) de otras cosas, hago una elección necia y mi confianza es débil.

Resulta interesante notar que la clave de la confianza de la Biblia se basa en dónde pongo mi confianza y no en mis emociones; no importa cuán audaz o temerosa pueda sentirme. Puedo poseer toda la energía positiva y la confianza del mundo, pero si mi confianza está depositada en el sitio incorrecto, esa confianza es necia y débil. Por otro lado, incluso cuando tenga temor, puedo escoger abrazar la confianza sabia y fuerte. Como el salmista declaró: «Cuando siento miedo, pongo en ti mi confianza» (Salmos 56:3).

El mundo nos dice que el temor se interpone en el camino de la confianza. Para adquirir confianza, necesitamos superar el miedo. No obstante, Proverbios 14:26 parece indicar que el temor es amigo de la confianza. «En el temor del SEÑOR hay confianza segura». Entonces, ¿qué es? ¿Un amigo o un enemigo?

Si queremos inclinar esa *V* en la dirección correcta, necesitamos saber mucho más sobre la relación entre la confianza y el temor.

2

EL TEMOR ES TU «AMIENEMIGO»

Existe, después de todo, un motivo
muy importante para temer.

−Charles Spurgeon, «The Right Kind of Fear»
[El temor adecuado]

¡La bicicleta era espléndida! Color rosa vívido, con un sombreado de oscuro a claro. Pedales en forma de corazón. Una canasta de filigrana. Calcomanías de princesa. Brillos por todas partes. Totalmente equipada.

Cuando su madre le mostró el anuncio en el sitio web de compra y venta, Amery, de cinco años, dio saltos y gritó de alegría. ¡La encantadora bici era el sueño de mi nieta hecho realidad! Había estado pidiendo una bicicleta durante semanas. Apenas podía contener su emoción mientras ella y su papá conducían para recogerla.

«¿Puedo montarla ya? ¿Puedo montarla ya?». Insistía incesantemente mientras su papá ajustaba el asiento, lubricaba la cadena y apretaba los pernos de las robustas ruedas de entrenamiento. Por fin, la bici estuvo lista.

Toda la familia se reunió para el gran momento. Amery se subió con seguridad al asiento. Era perfecta. Del tamaño adecuado. ¡Espectacular!

Ella se llenó de orgullo mientras todos aplaudían.

Obviamente, era hora de sacar a esa reluciente joya a dar una vuelta. «¡Vayamos al parque!», sugirió Amery con entusiasmo. Callie iba adelante en su monopatín. Su mamá la seguía de cerca, empujando a Joey en el cochecito. Su papá y Amery cubrían la retaguardia.

Sin embargo, la confianza de Amery flaqueó.

Cuando llegó el momento, se sintió emocionada de sentarse en su nuevo tesoro, pero no estaba convencida de que pudiera aprender a montarla. Su papá le aseguró que las ruedas de entrenamiento no la dejarían caer. Él agarró la bicicleta y empezó a empujarla por detrás, animándola a mover sus piernas en círculos siguiendo la dirección de esos bonitos pedales en forma de corazón.

Amery se reía nerviosamente.

Todo iba bien... hasta que su papá la soltó... y la bicicleta se tambaleó.

Amery gritó de miedo y cayó al suelo. Ninguna cantidad de seguridad ni persuasión ni ayuda de parte de su papá pudo convencerla de volver a montarla.

Esa querida bicicleta ahora está llenándose de polvo en el garaje. Y la pobre Amery se enfrenta a un problema común.

Ella carece de confianza.

Desea mucho montar en bicicleta, pero tiene demasiado miedo para hacerlo.

EL MIEDO AL TEMOR

Mi nieta estaba confiada en que podía montar en bicicleta hasta que el miedo se interpuso en su camino. Estoy segura de que con el tiempo enfrentará su miedo y triunfará. (Del mismo modo en que finalmente reunió el valor para dormir en la parte superior de la litera del lago). Ella lo *superará*. *Aprenderá* a montar en bicicleta. Sin embargo, por ahora, el temor es definitivamente su enemigo.

¿Cuántas veces, como adultos, nos enfrentamos al mismo oponente intimidante? No nos inscribimos, alzamos nuestra voz ni nos ponemos de pie, porque tenemos demasiado miedo. Y al igual que mi nieta y su bici de princesa, la magnitud del temor que se apodera de nuestros corazones a menudo es mucho mayor que la magnitud de la tarea en cuestión.

El temor es un enemigo poderoso.

¿Recuerdas la historia de Gedeón? El Señor instruyó a Gedeón acerca de cómo derrotar a 135.000 guerreros madianitas con solo trescientos hombres. Era obvio que las fuerzas madianitas resultaban inmensamente superiores en número, fortaleza y poder militar. No obstante, cuando los hombres de Gedeón se pararon alrededor del perímetro del campamento enemigo una noche, levantaron sus antorchas y tocaron sus trompetas, el poderoso ejército entró en pánico. Se volvieron unos contra otros y huyeron.

¿Qué venció al ejército madianita?

El temor.

Y luego está la historia de la derrota siria. El rey Ben Adad había reunido a todo su ejército para sitiar Samaria, la ciudad capital del reino del norte de Israel. Él trajo alrededor de un cuarto de millón de guerreros, suficientes para poblar una pequeña ciudad.

Sin embargo, cuando por el vasto campamento de Ben Adad se extendió el rumor de que una alianza de mercenarios hititas y egipcios había venido en ayuda de Israel, todo el ejército huyó en medio de la noche. Estaban tan aterrorizados que dejaron todo atrás: caballos, burros, tiendas, comida, ropa, armas, plata y oro. Todo.

¿Qué derrotó al ejército sirio?

El temor.

El rumor que desató el pánico ni siquiera era cierto.

Los relatos del Antiguo Testamento indican que el Señor a menudo usaba el temor como un catalizador para obligar a los enemigos de Israel a autodestruirse. Ejércitos enormes y poderosos fueron incapacitados, no por el poder de las armas ni los carros, sino por el poder del temor. «Allí los tienen, sobrecogidos de miedo, cuando no hay nada que temer», se burló el salmista (Salmos 53:5).

Estos grandes ejércitos fueron aplastados por el enemigo interior. Cuando el temor dominó sus corazones, se derrotaron a sí mismos. Desde una perspectiva humana, su miedo era irracional. Injustificado. Sin embargo, eso no importaba. Irracional o no, fue el miedo el que los derrotó.

En el siglo dieciséis, el gran escritor francés Michel de Montaigne escribió sobre la naturaleza debilitante del temor: «A lo que más temo en el mundo es al miedo».[1]

Él no estaba solo temiéndole al miedo.

Franklin D. Roosevelt se hizo eco de este sentimiento en su discurso inaugural. Le dijo al pueblo estadounidense que a lo único que tenían que temerle era al miedo en sí mismo.

Roosevelt estaba haciendo alusión al miedo generalizado que marcó el comienzo de la caída de Wall Street en 1929 y se convirtió en el sello distintivo de la Gran Depresión subsiguiente. Roosevelt reconoció que la espiral financiera descendente no terminaría hasta que la gente dejara de ser dominada por el temor y recuperara la confianza en el mercado.

El temor es el enemigo de la confianza.

A fin de ganar confianza, necesitamos una estrategia sólida para lidiar con este poderoso enemigo.

¿QUÉ ES EL TEMOR?

El diccionario define el *temor* como «una emoción angustiante provocada por el peligro inminente, el mal, el dolor».[2] Sentimos miedo cuando nos enfrentamos a algo fuera de nuestro control que amenaza con dañarnos, ya sea que ponga en peligro nuestro bienestar físico, emocional o psicológico y que la amenaza resulte real o imaginaria.

Todo el mundo le teme algo.

Los temores comunes incluyen el miedo a volar, hablar en público, las alturas, los espacios cerrados, la oscuridad, las tormentas, las arañas, las agujas y la muerte. Y luego están esos miedos generales, los cuales no siempre se encuentran unidos a un objeto o suceso externo específico. Como el miedo al fracaso, el miedo al rechazo, el miedo a la intimidad, el miedo al compromiso o el miedo a que alguien a quien amamos sufra algún daño.

La lista de los temores es prácticamente infinita:

- el temor a la desaprobación
- el temor a la decepción
- el temor a la dificultad
- el temor a la exposición
- el temor a la vergüenza
- el temor a la exclusión
- el temor a la escasez
- el temor a la enfermedad

- el temor al éxito
- el temor a pasar desapercibido
- el temor a no ser amado
- el temor a lo desconocido

¿A qué le tienes miedo? ¿Qué te mantiene despierta por la noche con preocupación? ¿Qué te estresa? Piensa en ello por un momento. Tal vez temes por tu salud, tu seguridad, tu trabajo, tu matrimonio o tus hijos. O quizás estés ansiosa por algo que está sucediendo en tu escuela, iglesia, comunidad o ciudad. Reconocer cuáles son tus temores es un primer paso importante para aliviar el miedo y ganar confianza. Si no sabes qué es lo que te asusta, es probable que nunca hagas nada al respecto.

El miedo puede ser repentino e intenso o puede ser persistente y leve. Puede abalanzarse sobre ti de forma inesperada o puede escoltarte constantemente. Puede gritarte o puede fastidiarte. Puede hacerte sentir al límite o lanzarte a un ataque de pánico total. El temor viene en una amplia gama de formas y tamaños. Es tan complejo y multifacético que un diccionario en línea identifica nada menos que 3.188 sinónimos como parte de la «familia extendida del temor». Palabras como:

ansioso • preocupado • estresado
inquieto • nervioso • aprensivo
asustado • turbado • atemorizado • espantado
perturbado • tembloroso • sobresaltado • estremecido
agitado • sobrecogido • alarmado
intranquilo • angustiado • consternado
pavoroso • desesperado
aterrorizado • horrorizado • aterrado[3]

Con solo leer la lista es suficiente para hacerme sentir incómoda. El temor es definitivamente una emoción angustiante. Todos hemos sentido sus dedos helados apretar nuestros corazones.

Una noche me encontraba sola en casa. Mi esposo había salido con unos amigos. Así que estábamos solo yo y mi labradora negra, Sheba, acurrucadas en el sofá en medio de la oscuridad, viendo la televisión.

De repente, escuché a algo moverse en mi patio trasero. Mi corazón comenzó a acelerarse. Mis músculos se tensaron. Mi respiración se aceleró. Todo mi cuerpo entró en modo de crisis. La reina Sheba permaneció comatosa, roncando a mis pies. Es completamente inútil como perra guardiana. No corre a la puerta. Rara vez ladra. Era obvio que defender nuestro hogar dependía de mí. *¿Qué debo hacer?*

De inmediato tomé el teléfono inalámbrico de la mesa de café y presioné 9... 1... Luego me agaché, por debajo del nivel de las ventanas, y sigilosamente me arrastré a través de la oscuridad por los pocos escalones hasta el nivel principal de nuestra casa.

Cada fibra de mi cuerpo estaba en alerta máxima.

Me agaché aún más mientras me abría camino a través de la cocina hacia la puerta mosquitera abierta. Tenía un nudo en el estómago. La sangre latía en mi cabeza. Mis ojos estaban entrecerrados para darles sentido a las sombras monocromáticas. Mis oídos se esforzaban por filtrar el diálogo de la televisión del sonido que emanaba de mi patio. El vello de mis brazos estaba erizado. Apretaba fuertemente el teléfono en mi mano sudorosa. Mi pulgar se apoyaba en el dial, posicionado para pulsar el número final.

Después de lo que pareció una eternidad, al fin alcancé el interruptor de la luz exterior. Lo encendí abruptamente.

Ahí fue cuando mi respuesta al miedo disminuyó... y se desencadenó la respuesta al miedo de la gata de mi vecina, haciéndola maullar y salir corriendo.

Fue también cuando la reina Sheba finalmente se cayó del sofá y entró en la cocina, bostezando, estirándose y dándome su mejor mirada de «es hora de un premio especial».

Suspiro. Hora de algunas lecciones de perro guardián, yo diría.

El sonido que había escuchado en el patio desencadenó una reacción inmediata e intensa. Lo que experimenté fue una respuesta al miedo clásica. No la activé conscientemente ni me detuve a analizarla hasta que llegó a su fin. Durante esos pocos segundos, tuve tanto miedo que reaccioné como si mi vida estuviera en peligro, a pesar de que realmente no existía ninguno.

¿Por qué el miedo es una emoción tan poderosa? ¿Por qué produce una respuesta tan fuerte? ¿Por qué puede motivar a una debilucha a ponerse de pie y luchar? ¿O hacer que incluso la persona más fuerte y competente se acobarde y se autodestruya irracionalmente?

CÓMO FUNCIONA EL TEMOR

Tu cerebro tiene un sistema del temor que comprende cuatro circuitos diferentes, los cuales se activan al mismo tiempo. Estos circuitos envían señales de ida y vuelta para intensificar o atenuar tus sentimientos de miedo. Déjame explicarte cómo funciona este sistema.

1. EL CIRCUITO DE ALARMA (AMÍGDALA)

Cuando percibes una amenaza —como un perro feroz negro que corre ladrando hacia ti (te garantizo que no es Sheba)—, esa amenaza hace que tu amígdala (el centro de control de las emociones con forma de almendra en tu cerebro) envíe una señal de peligro a tu hipotálamo (tu centro de comando del sistema). El hipotálamo utiliza tu sistema nervioso para enviar una alarma de código rojo a todo el cuerpo.

Una alarma de código rojo hace que la glándula pituitaria secrete una hormona del estrés en la sangre y las glándulas suprarrenales para liberar una descarga de adrenalina y cortisol. La energía se desvía de los órganos inmunitarios, reproductivos y digestivos, y se redirige hacia el cerebro, el corazón, los pulmones y los músculos. Esto aumenta tu alerta y te pone en un estado de preparación elevado. La mayoría de las personas le llaman a esto la respuesta de lucha o huida.

El circuito de alarma es la forma rápida y desordenada del cerebro de responder ante una crisis. Mi cerebro recibe una señal de peligro, y mi cuerpo y mis emociones reaccionan sin pensar: intuitivamente salto, corro, me escondo, grito o tomo el objeto que tenga más cercano para usarlo como un arma. Esta reacción es automática e involuntaria.

El propósito de mi circuito de alarma es acelerar mi capacidad para protegerme de un peligro o amenaza inminente. Es lo que me hace presionar el freno cuando el coche en el carril contrario se desvía hacia mi carril. Saltar cuando oigo un ruido fuerte repentino. Dar un soplido cuando un bicho cae en mi regazo. O agacharme cuando un inesperado objeto viene volando hacia mi cabeza.

2. EL CIRCUITO DE EVALUACIÓN (CORTEZA SENSORIAL)

Cuando tu cuerpo se pone en alerta de código rojo, el hipotálamo también alerta y activa el segundo componente de tu sistema de respuesta al estrés: la corteza sensorial. Esta parte de tu cerebro evalúa la información que se recibe a través de tus sentidos y trata de darle sentido a todo.

EVALÚO LO QUE OIGO: ¿Qué es ese ruido? ¿Son pisadas? ¿Es el sonido de una silla raspando contra el piso? ¿A qué distancia está el sonido de mi puerta?

EVALÚO LO QUE VEO: ¿Hay algo en el patio trasero? ¿Qué es esa silueta oscura? ¿Es una figura humana? ¿Se está moviendo?

EVALÚO LO QUE HUELO: ¿Es humo de cigarrillo? ¿O fuego? ¿Podría mi vecino estar afuera asando un bistec a esta hora?

El circuito de evaluación funciona más lentamente que el de alarma. Mientras que el circuito de alarma pone mi cuerpo en alerta inmediata por si acaso, el circuito de evaluación me hace reunir y evaluar información para entender la situación.

3. EL CIRCUITO DE ASOCIACIÓN (HIPOCAMPO)

Al mismo tiempo que los circuitos de alarma y evaluación se disparan, el hipotálamo alerta al hipocampo —tu centro de memoria— para empezar a revisar instantáneamente tus archivos de recuerdos. El hipocampo desempeña un papel importante en la formación e indexación de los recuerdos sobre las experiencias vividas. Trabaja en conjunto con la amígdala para asociar a las emociones con estas experiencias. El hipocampo compara el acontecimiento presente con los incidentes pasados para ver si existe una asociación.

Tu cerebro inconscientemente procesa la situación, la compara con las experiencias pasadas y saca una conclusión, por ejemplo: *una situación como esta me hizo daño antes; sin duda me volverá a lastimar.* Por lo tanto, si te mordió un perro, es posible que les tengas miedo a los perros de por vida. Si tu padre dejó a tu familia, puede que sufras de un miedo al abandono permanente. Si fuiste objeto de las burlas en la escuela primaria, tal vez siempre temas que la gente se ría de ti.

Los seres humanos aprenden a tenerles miedo a las cosas peligrosas. Sin embargo, también pueden aprender a temerles a las cosas que no lo son. Hubo un experimento conductual tristemente célebre realizado en 1920 con un niño de nueve meses llamado Albert. Los investigadores condicionaron a Albert para que les tuviera miedo a las cosas blancas peludas: una rata blanca, un conejito blanco, un perro blanco mullido, animales de peluche blancos y una máscara de Santa Claus con una barba hecha de bolas de algodón blanco. El experimento del pequeño Albert demostró que dadas las circunstancias adecuadas, la gente puede aprender a tenerle miedo a casi cualquier cosa.

Lo que te asusta se llama una amenaza percibida. Las amenazas percibidas son diferentes para cada persona. Cuando te enfrentas a una de ellas, tu hipocampo le informa a tu cerebro que estás en peligro. Este comprueba los bancos de memoria y concluye, basándose en las experiencias pasadas, que la situación es una amenaza para tu bienestar, sea o no el caso. Como resultado, tu cuerpo reacciona automáticamente con la respuesta de lucha o huida para mantenerte a salvo.

4. EL CIRCUITO EJECUTIVO (LÓBULO FRONTAL)

¿Alguna vez has oído la expresión «Tiene miedo de su propia sombra»? Una vez vi un video en YouTube de una niñita que sí le tenía miedo. Al parecer, ella nunca había notado su sombra antes. Cuando vio la figura negra espeluznante a su lado, gritó con miedo y trató de huir. Su llanto y su temor se intensificaron a medida que la sombra la seguía por todas partes. Finalmente, colapsó en medio de sollozos indefensos. Fue entonces cuando su padre, que se reía mientras filmaba la escena divertida, apagó la cámara.

Me imagino que él fue a levantarla y consolarla, asegurándole que la sombra era proyectada por el sol que brillaba sobre su cuerpo. No había un espeluznante hombre del saco persiguiéndola. Ella no tenía absolutamente nada que temer. Al razonar con la niña, su padre habría participado en su circuito ejecutivo, el último circuito en el sistema del temor humano.

El circuito ejecutivo se encuentra en el lóbulo frontal. Esta es la parte más grande de tu cerebro. El lóbulo frontal es responsable del pensamiento y la toma de decisiones. Es la parte del cerebro que asume el mando. Es en lo que confías para manejar y modificar tus emociones y comportamiento.

Tu circuito ejecutivo puede intensificar o disminuir tu agitación. Dependiendo de cómo dirijas tus pensamientos, puedes convencerte de aumentar o reducir el estado de temor.

Tus circuitos de alarma y asociación toman lo que los científicos llaman el «nivel inferior» del temor. Este nivel es automático e involuntario. Tus circuitos de evaluación y ejecutivo toman el «nivel superior». Este nivel es más deliberado y volitivo. El nivel inferior es dirigido mayormente por las emociones, mientras que el nivel superior es dirigido más por la razón.

Dios creó el nivel inferior y el nivel superior del temor para trabajar juntos de forma armoniosa. El nivel inferior nos advierte acerca de una situación posiblemente peligrosa. Luego, el nivel superior evalúa si la amenaza es real y nos permite hacer una elección sabia y volitiva sobre la respuesta apropiada. Así es como se *supone* que el temor debe funcionar.

Sin embargo, todos sabemos que el temor puede salirse de control.

Que nos elijan para dar un discurso improvisado puede causar un pánico mayor que encontrarnos con un oso. Entrar en una sala llena de personas desconocidas puede inducir más terror que un huracán. Una visita de tu suegra puede hacerte sudar más que el hecho de que la agencia de cobros impositivos audite tus impuestos.

Nuestros sistemas del temor no siempre nos hacen responder de la manera apropiada. Nuestros circuitos de alarma pueden lanzarnos a un pánico irracional o mantenernos atrapadas en un estado perpetuo de ansiedad. Nuestros circuitos de evaluación pueden malinterpretar la evidencia. Nuestros circuitos de asociación pueden aprender a temerles a las cosas equivocadas. Y nuestros circuitos ejecutivos pueden ser anulados por las emociones temerosas y dejarnos indefensas para responder de una manera razonada.

Creo que estarás de acuerdo en que la razón por la que el temor es un enemigo tan poderoso e intimidante es que este distorsiona nuestra percepción de la realidad. Nuestro miedo está distorsionado. No tememos como deberíamos. Tenemos miedo de cosas a las que no debemos temer. El temor puede ser nuestro enemigo.

Puede ser la razón de nuestra autodestrucción.

CUANDO EL TEMOR SE SALE DE CONTROL

Dios creó al hombre con un complejo sistema interno del temor. En el principio, el miedo era una emoción totalmente útil. Me imagino que Adán y Eva se beneficiaron del mismo a medida que avanzaban en su trabajo diario en el huerto. El circuito de alarma de Adán probablemente lo haya hecho saltar hacia atrás cuando una rama podada cayó al suelo. Su circuito de evaluación le informó que le dolería si una gran rama le caía en los dedos de los pies. Su circuito de asociación lo hizo más cauteloso la próxima vez que sacó sus herramientas para podar las ramas. Su circuito ejecutivo le aconsejó que se apartara y tomara todas las precauciones necesarias al trabajar en lo alto para evitar lastimarse.

El temor le enseñó a la primera pareja a tener un sano respeto por el fuego, el agua, la luz, la oscuridad, la altura, el peso, la masa y cosas como la fuerza de fricción, la fuerza de gravedad, el poder del impulso y todas las otras leyes naturales que Dios tejió en el universo. El miedo les informó que estas cosas eran mayores que ellos y estaban impulsadas por fuerzas fuera de su control. El miedo les enseñó que no podían desafiar las leyes naturales de Dios sin riesgo de lesionarse.

El temor les sirvió a Adán y a Eva de otras maneras también. La Biblia indica que, además de equiparlos con un sistema de respuesta innato que ayudó a protegerlos del peligro físico, Dios creó otro tipo de temor para que habitara dentro de sus corazones: el temor de Dios. Este temor reverente ayudó a protegerlos del peligro espiritual. Más adelante vamos a analizar lo que eso significa, pero por ahora piensa en el temor del Señor como un profundo temor y respeto reverente por nuestro Creador y un sentido de nuestra propia dependencia de él. Temer a Dios implica una perspectiva apropiada de quién es él y quiénes somos nosotros en relación con él. Él es Dios, y nosotros no.

Esto es similar al tipo de temor que siente una niña por un padre amoroso. Ella no tiene miedo de su padre en el sentido de desconfiar de él. No le preocupa que su papá sea indiferente, cruel o injusto, o que le haga daño. Su temor es un respeto basado en la confianza de su sabiduría, fuerza, protección y posición de autoridad en la familia. Este tipo de temor la beneficia. La motiva a escuchar respetuosamente las instrucciones de su padre, creer en lo que él le dice y hacer lo que él manda.

Esa es la clase de temor saludable que Adán y Eva tuvieron en un inicio hacia el Señor. Es decir, hasta que la astuta serpiente los convenció de considerar un tipo de temor completamente diferente.

Ya conoces la historia.

Usando el engaño y una charla astuta de doble sentido, la serpiente introdujo una clase de temor totalmente nuevo en la mente de Eva. *¿Es verdad que Dios les dijo...?* (Génesis 3:1). A primera vista, el amigable reptil parlante estaba solo debatiendo sobre las reglas del huerto y los méritos del fruto que Dios había etiquetado fuera de su alcance. Sin embargo, en un nivel más profundo, el conspirador estaba tentando a Eva para que tuviera profundos recelos acerca de Dios.

Recelos. Sospecha. Inquietud. Perturbación. Ansiedad. Duda. Preocupación.

¿Dónde hemos visto estas palabras antes? Todas forman parte de la familia del temor. No son tan llamativas, extremas o contundentes como otros miembros de su familia: *pánico, horror y terror.* Si la serpiente hubiera utilizado un enfoque de mano dura, la amígdala de Eva habría disparado su circuito de alarma en una respuesta de lucha o huida. Eso no habría servido para nada a su propósito. No obstante, el diablo sabía que el miedo es un poderoso motivador del comportamiento humano. Así que activó su red del temor usando un enfoque mucho más retorcido.

Con medias verdades que podrían engañar incluso al mejor estafador, llenó sus pensamientos de sospechas y temores perversos y perturbadores acerca de que

- Dios no estaba diciendo la verdad,
- Dios no era tan bueno como ella pensaba,
- Dios no quería lo mejor para ella,
- Dios la estaba refrenando,
- ella se estaba perdiendo algo mejor y
- confiar en Dios era un error terrible.

La astuta serpiente insinuó que Dios representaba una amenaza legítima para el desarrollo personal y el bienestar de Eva. Asimismo, la empujó a actuar con confianza contra esa amenaza. La convenció de que debía tomar el asunto en sus propias manos.

¡Ella podía valerse por sí misma! ¡Podía extender la mano y tomar lo que quisiera! ¡Podía dejar a un lado el ridículo temor reverente de Dios que la estaba reteniendo! El éxito estaba a su alcance.

En esencia, Eva tuvo que elegir qué tipo de temor iba a controlar su comportamiento: el temor reverente del Señor que era parte de su diseño o el persistente temor aprensivo que la serpiente había introducido en su mente.

Lo que la serpiente dijo parecía tener sentido. El fruto prohibido en efecto se veía bien.

Parecía atractivo. Apetecible. Hermoso. «Tenía buen aspecto» (v. 6).

Se veía inofensivo. Sabroso y delicioso. Era «bueno para comer» (v. 6).

Contenía una promesa. Era «deseable para adquirir sabiduría» (v. 6).

Cualquiera que quisiera ser alguien seguramente tomaría un bocado.

Si la fruta no hubiera parecido tan atractiva, ¿crees que Eva habría caído en la trampa? Si hubiera estado podrida y llena de gusanos, ¿crees que ella hubiera considerado desobedecer a Dios? Por supuesto que no. Lo que hace que las ofertas de Satanás sean tan atractivas y engañosas es que siempre se ven muy bien. La fruta parecía atractiva, inofensiva y prometedora, así que...

Ella la tomó.

La comió.

La compartió.

Él la tomó.

La comió.

Adán y Eva abrazaron el temor distorsionado y mentiroso promovido por Satanás. Al hacerlo, rechazaron el temor verdadero que había sido el fundamento de su relación de amor con el Señor.

Ese es el momento en el que el miedo atravesó el espejo y comenzó a salirse de control.

El cambio fue inmediato.

Imagina la fuerza pura de la emoción que debe haber abrumado a Adán y Eva cuando pecaron y su inocencia fue destruida. Debe haber sido horrible. La vergüenza. La abrumadora sensación de dolor y pérdida. Por primera vez se sintieron avergonzados. Dañados. Inseguros. Expuestos. Verdaderamente temerosos.

Satanás aprovechó el sistema del temor de Eva para hacer que actuara contra Dios. Sin embargo, la leve preocupación que la hizo dudar de Dios no era nada comparada con el terror que en aquel momento se apoderó de los corazones de ella y su marido. Perder su reverente temor de Dios les abrió las compuertas a todo tipo de temores aprensivos. En pánico, trataron de coser algunas hojas de higuera en un lamentable intento de cubrirse.

Cuando Dios vino al huerto esa noche, Adán y Eva no estaban por ningún lado. Más tarde Adán explicó: «Escuché que andabas por el jardín, y *tuve miedo* porque estoy desnudo. Por eso me escondí» (Génesis 3:9-10, énfasis añadido).

Adán tenía miedo, ya que se dio cuenta de que estaba desnudo. Eva estaba presa del mismo temor.

Ellos nunca dijeron que tenían miedo del juicio de Dios. No dijeron que tenían miedo de haberlo decepcionado. No dijeron que tenían miedo de que pudiera responder con ira. No dijeron que tenían miedo de las consecuencias de su pecado.

No. Tenían miedo porque no querían que Dios los viera desnudos.

Piensa en eso por un momento.

¿No es un poco irracional?

Hasta ese punto, siempre habían estado desnudos. Desde el día en que Dios los creó, habían caminado de esa manera. Sus partes privadas siempre estaban a la vista. Parece tonto que de repente tuvieran miedo de que los viera desnudos. Ese miedo estaba fuera de lugar. Era absurdo. No tenía sentido.

Por supuesto, sabemos que su aterrorizado impulso de cubrirse fue realmente un intento de ocultar su culpa. No obstante, esta reacción temerosa indica que su opinión de Dios había cambiado radicalmente. Su temor positivo fue remplazado por uno negativo. Tenían miedo de ser avergonzados. Le temían a la exposición. Temían que Dios los viera como realmente eran.

¿En verdad pensaron que Dios no sabía lo que habían hecho? ¿Pensaron que él no podía ver a través de su lamentable intento de cubrir su pecado? ¿Por qué se escabulleron de Dios en lugar de correr hacia él? ¿Alguna vez les había dado razones para desconfiar de su compasión? ¿O para dudar de su amor?

Cubrirse con delantales de hojas fue más que un simple intento de aliviar su vergüenza. Esto reflejaba un sentido de autosuficiencia, autojustificación y autodeterminación. Era otra expresión del exceso de confianza que los había metido en problemas en primer lugar.

Hasta ese momento, Adán y Eva solo habían conocido a un Dios amoroso, amable y bueno. Ahora le temían. ¿Qué había sucedido? ¿Había cambiado Dios? No. Pero ellos sí. El pecado los transformó. Afectó su visión de Dios y de quiénes eran en relación con él.

Uno de los efectos más devastadores del pecado es que distorsionó el sistema del temor de Adán y Eva. Ellos perdieron su sano temor de Dios. Un temor ilegítimo, irracional y basado en la mentira empezó a dominar sus mentes y su comportamiento.

Antes de la caída, el temor tenía un propósito íntegramente bueno y protector. Mantenía a los seres humanos seguros desde el punto de vista físico y espiritual. Después de la caída, el miedo comenzó a servir a un propósito malvado y destructivo. Se convirtió en una poderosa herramienta del enemigo. Desde aquel fatídico día, Satanás ha usado implacablemente el miedo como un arma contra nosotras.

EL ESTAFADOR DE LA CONFIANZA

El temor es el sentimiento de que algo es más poderoso que yo y está más allá de mi control. El miedo introduce incertidumbre y aprensión. Disminuye mi confianza. Evalúo la amenaza y concluyo: *no tengo lo que necesito para enfrentar esta situación*.

Cuando siento temor, busco una manera de aliviar esta emoción incómoda. Puedo huir de la amenaza o puedo buscar a otra persona o cosa en lo que depositar mi confianza para disminuir el miedo y recuperar la seguridad.

El temor y la confianza son poderosos motivadores del comportamiento humano.

Robert Plutchik, un psicólogo reconocido por su teoría de las emociones, identificó al temor y la confianza como dos de las ocho emociones primarias en el núcleo de nuestra constitución emocional humana. Las ocho grandes emociones son: el temor, la confianza, la alegría, la anticipación, la ira, la repulsión, la tristeza y la sorpresa.[4]

Los comerciantes entienden el poder de apelar a estas ocho emociones centrales cuando promocionan un producto, especialmente a las poderosas emociones de la anticipación (esperanza), el temor y la confianza.

El comercial de la pasta dental Gleam & Sparkle no solo te está vendiendo dentífrico. Está lanzando el mensaje de que esta pasta de dientes eliminará las manchas feas de tu esmalte (repulsión), te ayudará a superar tus inseguridades (temor), atraerá al hombre de tus sueños (anticipación) y te hará feliz (alegría). Puedes estar segura (confianza) de que como la efectiva marca Gleam & Sparkle hizo esto por la Sra. Guapa Celebridad, ciertamente lo hará por ti. Es una oferta de tiempo limitado. Mejor que dejes lo que estás haciendo y compres una pasta dental Gleam & Sparkle. No te demores. ¡Hazlo ya!

Sabemos que las empresas utilizan la mercadotecnia emocional para vender sus productos. También sabemos que los estafadores aprovechan nuestras emociones para propósitos mucho más siniestros. Consideremos la estafa del soporte técnico emergente, por ejemplo. En esta estafa, un mensaje emergente aparece en la pantalla de tu computadora proveniente de una compañía de *software* reconocida, como Microsoft, Apple, Norton o Dell. El mensaje afirma que la empresa ha detectado un virus o que tu computadora está a punto de colapsar, causando una pérdida enorme de información. Ellos ofrecen solucionar el problema y reparar tu computadora por un costo.

Te sientes temerosa. *¿Algo está mal con mi computadora? ¿Un virus? ¡Oh, no!* Te sientes aliviada de que alguien con más conocimientos informáticos que tú sea capaz de ayudar. Confías en la legitimidad de la empresa que lleva el conocido logotipo. Esperas que serán capaces de solucionar el problema y devolverte un equipo que esté libre de virus y funcionando mejor que nunca.

Los estafadores del soporte técnico quieren que pagues por un servicio que no necesitas para solucionar un problema que no existe. ¿Cómo lo hacen? Mienten. Diseñan un escenario engañoso para aprovecharse de tus miedos y convencerte de depositar tu confianza en ellos.

¿Alguna vez has sido engañada por una llamada telefónica, un mensaje de texto o un correo electrónico, o por alguien que conociste en línea, solo para descubrir más tarde que fuiste estafada? Una vez me engañaron con un correo electrónico de Apple que parecía real, pero resultó ser una estafa. Tuve que pasar horas en línea con Visa en medio de nuestras vacaciones para que revirtieran los cargos que el estafador había acumulado en mi cuenta.

Quizás nunca has caído en una estafa financiera.

Sin embargo, sé que has caído en una espiritual.

Todas lo hemos hecho.

Satanás es el maestro del engaño. Como la Biblia explica en Juan 8:44: «[El diablo] no se mantiene en la verdad, porque no hay verdad en él. Cuando miente, expresa su propia naturaleza, porque es un mentiroso. ¡Es el padre de la mentira!».

Satanás es un mentiroso patológico. Es el mayor defraudador, impostor, estafador y victimario de todos. Es un ladrón que solo viene para robar, matar y destruir. Es más hábil en la duplicidad, la seducción, la manipulación y la persuasión que cualquier otro estafador que haya existido. Y está constantemente tratando de aprovecharse de nuestros miedos e inseguridades para vendernos una serie de productos.

Déjame recordarte que el estafador juega con tu confianza. Un estafador te convence de poner tu confianza en él y sus increíbles promesas. Lleva a cabo juegos de engaño para ganarse tu confianza.

Una vez vi una entrevista en línea con un importante investigador de fraudes de Washington. Él dijo que la estrategia central de un estafador es colocar a sus víctimas «bajo los efectos del éter» pasando por alto su razón y apelando a un profundo temor o deseo.[5]

Cuando Satanás habló con Eva sobre el fruto prohibido, en esencia la estaba involucrando en un juego de confianza. El experto engañador jugó con las emociones de Eva a fin de socavar su confianza en el Señor y engañarla para que en cambio pusiera su confianza en él. De acuerdo con Satanás, todo lo que tenía que hacer para aliviar sus miedos y alcanzar sus sueños era comer del fruto prohibido.

Se trataba de una farsa, por supuesto. Comer del fruto prohibido no hizo realidad los sueños de Eva. El efecto del éter se desvaneció y la invadió un horrible dolor. Esto produjo terribles consecuencias:

en su cuerpo; en su mente, su voluntad y sus emociones; en su relación con Dios; y en su matrimonio. El pecado de Adán y Eva tuvo como resultado consecuencias horribles y destructivas para cada ser humano que haya vivido.

Y uno de los efectos más desastrosos fue un cambio de lo que tememos de forma natural y de dónde depositamos naturalmente nuestra confianza.

EL JUEGO DE LA CONFIANZA

Satanás hizo participar a Eva en un astuto juego de la confianza. Su objetivo era que Eva les temiera a las cosas equivocadas, colocara su confianza en las cosas equivocadas y deseara las cosas equivocadas.

¿Recuerdas la fórmula para la confianza del capítulo anterior?

CONFIAR EN DIOS > CONFIAR EN OTRAS COSAS = CONFIANZA FUERTE/SABIA
CONFIAR EN DIOS < CONFIAR EN OTRAS COSAS = CONFIANZA DÉBIL/NECIA

Antes de que Eva pecara, poseía una confianza fuerte y sabia. Ella confiaba en el Señor más de lo que confiaba en otras cosas. Confiar en Dios era su inclinación natural. Pero entonces Satanás la engañó para que cambiara la dirección de la V. Cuando comió del fruto, su inclinación cambió. Eva comenzó a depositar más confianza en la versión de la realidad retorcida de Satanás que en lo que Dios dijo. Le dio la espalda a la confianza fuerte y sabia, y en su lugar abrazó la confianza débil y necia. Y los hombres han seguido haciendo eso desde entonces.

Hasta el día de hoy, el gran engañador sigue jugando al mismo juego de la confianza. Él sigue utilizando las mismas tácticas que utilizó de forma efectiva con nuestra predecesora, Eva.

EL GRAN ENGAÑADOR ESPARCE TEMOR

Satanás es un instigador del temor. Él promueve la inseguridad, las dudas, las ansiedades, la desesperación y todos los otros aspectos destructivos de la familia del miedo. Nos convence de tenerles miedo a cosas que no debemos temer. Tememos que Dios no sea lo suficientemente grande, lo suficientemente bueno, o que no le importe. Tememos que Dios no hará las cosas de la manera que queremos que las haga. Le tememos a la gente. Le tememos a la exposición. Le tememos a la desaprobación. Le tememos al fracaso. Le tememos a la pérdida. Les tememos a todo tipo de cosas.

La mayoría de nuestros miedos están basados en la versión retorcida de la realidad de Satanás y las mentiras que él perpetúa. Sin embargo, estos miedos erosionan nuestra confianza. Nos paralizan y nos mantienen atrapadas en un estado de ansiedad, estrés, derrota y desesperación. Por supuesto, queremos aliviar todas esas emociones incómodas y temerosas. Por lo tanto, buscamos algo en lo que depositar nuestra confianza con la esperanza de disminuir el miedo y aumentar nuestra seguridad.

EL GRAN ENGAÑADOR ESPARCE CONFIANZA

De la misma manera en que los estafadores del soporte técnico ofrecen una solución para un problema que ellos mismos crearon, Satanás nos vende sus falsos remedios de aceite de serpiente. Él no solo esparce miedo, sino que también esparce una confianza débil y necia como una supuesta cura. Está satisfecho siempre y cuando la V de nuestra confianza se incline en la dirección correcta, es decir, lejos de Dios.

Satanás es el archienemigo de Dios. Aborrece a Dios. Y está ansioso de que nos unamos a él en su rebelión cósmica. Como hizo con Eva, Satanás está especialmente interesado en alentar nuestra autosuficiencia y autodeterminación. Cuando caemos en su trampa, depositamos más confianza en nuestras competencias y capacidades —o en nuestra propia apariencia, simpatía, dinero, posesiones, amigos o habilidades— que la que colocamos en Aquel que nos da estas cosas.

¿Satanás quiere que tengas confianza? Puedes apostar a que sí. Siempre y cuando tengas confianza en todo excepto en Dios.

EL GRAN ENGAÑADOR ESPARCE SEGURIDAD

Satanás sostiene una canasta de frutas de aspecto sabroso y nos invita a comer. Nos engaña para que estemos seguros de que sus caminos son mejores que los de Dios. Como hizo con Eva en el huerto, nos convence de que el fruto prohibido es atractivo. Inofensivo. Delicioso. ¡Resulta tan prometedor!

Satanás trata de ponernos bajo el efecto del éter de innumerables maneras. Él busca convencernos de que el placer y los beneficios que recibiremos por hacerlo a su manera en lugar de a la manera de Dios valen cualquier posible consecuencia. Y aunque sabemos —en nuestro intelecto— que estas cosas son pecado, el éter, la ilusión y el engaño de los beneficios prometidos del estafador nos motivan a encogernos de hombros y consentir.

Desde la caída del hombre, las personas han nacido bajo los efectos del éter, con una disposición innata a caer en las mentiras del gran engañador.

Sin embargo, gracias a Dios, ese no es el final de la historia.

LA FE APLASTA AL TEMOR

Adán y Eva todavía estaban acobardados con sus hojas de higuera cuando Dios habló de un libertador que algún día conquistaría el poder de la temible serpiente.

Dios le advirtió a la serpiente: «Pondré enemistad entre tú y la mujer, y entre tu simiente y la de ella; su simiente te aplastará la cabeza, pero tú le morderás el talón» (Génesis 3:15). Eva y su adversario fueron los progenitores de una lucha basada en el temor que continuaría a lo largo de la historia hasta el momento culminante cuando la descendencia de la mujer lograría la ventaja.

Los teólogos denominan a este versículo el «protoevangelio», la primera narración del evangelio, porque es el primer lugar en la Biblia donde se anuncian las buenas nuevas del Salvador venidero, Jesucristo. Pablo aludió a esta promesa cuando les aseguró a sus amigos: «Muy pronto el Dios de paz aplastará a Satanás bajo los pies de ustedes» (Romanos 16:20).

¿Notaste el nombre que Pablo usó para referirse a Dios? El Dios de paz.

Por medio de Jesús, Dios aplasta a Satanás. La paz aplasta al pánico. La fe aplasta al temor.

El mensaje constante de la Biblia es que cuando ponemos nuestra confianza en Dios, no necesitamos tener miedo de otras personas, circunstancias o cosas. Cuando tenemos una confianza firme, una confianza verdadera, podemos vencer a Satanás en su juego de la confianza de doble sentido.

Si lo analizas bien, nuestra lucha contra el miedo y la aprensión es en esencia una lucha para depositar nuestra confianza en las cosas correctas en lugar de en las equivocadas. Es la antigua lucha para creer en la verdad de Dios en lugar de en las mentiras de Satanás.

Esta es una batalla difícil.

Dura.

De por vida.

Implacable.

Nuestra lucha contra el temor es tan persistente y continua como nuestra lucha contra el pecado. Sin embargo, la batalla no está exenta de esperanza. Y no se nos ha dejado sin ayuda. Dios dice:

> Así que no temas, porque yo estoy contigo;
> no te angusties, porque yo soy tu Dios.
> Te fortaleceré y te ayudaré;
> te sostendré con mi diestra victoriosa. [...]
> Porque yo soy el SEÑOR, tu Dios,
> que sostiene tu mano derecha;
> yo soy quien te dice:
> «No temas, yo te ayudaré». (Isaías 41:10, 13)

La Biblia nos asegura que con Dios de nuestro lado no tenemos razón para temer. Podemos abrazar la confianza, porque el Señor es mayor que cualquier cosa que amenace con dañarnos.

EL TEMOR ES TU AMIGO

Resulta innegable que existe una estrecha conexión entre el temor y la confianza. En términos generales, el aumento del temor resulta en una disminución de la confianza; el aumento de la confianza resulta en una disminución del temor. Por eso los artículos sobre «cómo fortalecer la confianza» tienden a dispensar este tipo de consejo:

> La autoconfianza es la creencia en ti mismo. Es tu capacidad de confiar en tus habilidades. La razón de la falta de confianza en ti mismo casi siempre se puede resumir en una palabra: *temor*. Esto podría ser miedo a la vergüenza, miedo al rechazo, miedo

a la crítica, miedo al fracaso, o uno de muchos otros tipos. Afortunadamente, todos los temores se aprenden. Nadie nace con miedos. Los temores pueden, por lo tanto, desaprenderse practicando repetidamente la autodisciplina con respecto al miedo hasta que desaparece y uno se vuelve más confiado.[6]

Esta cita resume lo que la mayoría de las personas cree que es verdad: el temor es malo. El temor es el archienemigo de la confianza.

Por lo tanto, la clave para fomentar la confianza es conquistar el temor.

Si tan solo enfrentaras tu miedo —lo dominaras hasta que el miedo se convierta en tu esclavo y tú en su amo—, entonces ganarías una mayor confianza en tus habilidades. Derrotar el miedo es la manera de aumentar tu confianza.

La instrucción de la Biblia sobre cómo volverte más confiada no sigue exactamente esa fórmula popular. Posiciona el temor del Señor contra los demás temores.

Cuando le temes más a Dios, les temes menos a otras cosas. Y cuando tu miedo a estas otras cosas se reduce, tu confianza verdadera aumenta. Por lo tanto, si quieres tener más confianza, tu temor de Dios debe aumentar.

¿Qué? ¿Cómo puede ser? ¿No es el temor el problema? ¿Acaso la confianza no se trata de aliviar mis miedos? Tengo mucho miedo. ¡Lo que realmente necesito es menos temor, no más!

El camino de la Biblia a la confianza es contradictorio. Así como hay un tipo incorrecto y un tipo correcto de confianza, hay un tipo incorrecto y un tipo correcto de temor. Y la Escritura indica que la forma de combatir el primero es con el segundo. La manera de luchar contra el temor es con un tipo diferente de temor.

Nuestro versículo sobre la confianza fuerte y sabia en Proverbios 14 deja en claro la conexión entre el temor santo y la confianza segura:

> En el temor del SEÑOR hay confianza segura,
> y a los hijos dará refugio.
> El temor del SEÑOR es fuente de vida,
> para evadir los lazos de la muerte. (vv. 26-27, LBLA)

Hay algunas cosas que quisiera que notes en este pasaje. Primero, el temor del Señor es un refugio, tanto para la persona que teme a Dios como para sus hijos. ¿Qué es un refugio? Es un lugar de amparo, protección o seguridad. Un refugio nos mantiene a salvo del peligro. Un refugio es un lugar que alivia el miedo. El temor del Señor es un refugio que anula otros temores.

Segundo, el temor del Señor es una fuente de vida. Es nutritivo. Vivificante. Salutífero. Saludable. Bueno. Es lo opuesto al miedo venenoso, engañoso y destructivo que promueve Satanás.

Tercero, el temor del Señor nos empodera para alejarnos de los lazos de la muerte. En otras palabras, un temor santo y reverente nos libra de quedar atrapadas en las artimañas del gran engañador, Satanás.

Por último, y lo más notable, en el temor del Señor encontrarás una confianza segura. Es importante que entiendas este punto vital: *el temor de Dios es lo que te transformará en una mujer fuerte y segura.*

Hay una simple ecuación más de la clave de la confianza que me gustaría añadir a nuestra fórmula. En el primer capítulo, descubrimos que confiar en Dios más que en otras cosas es lo que produce una confianza fuerte y sabia. A eso podríamos añadirle: temerle a

Dios más que temerles a otras cosas es lo que produce una confianza fuerte y sabia.

CONFIAR EN DIOS > CONFIAR EN OTRAS COSAS = CONFIANZA FUERTE/SABIA
TEMERLE A DIOS > TEMERLES A OTRAS COSAS = CONFIANZA FUERTE/SABIA

La Biblia es clara en cuanto a que las personas que ponen su fe en Dios a través de Jesucristo tienen una relación marcadamente diferente con el miedo que aquellas que no lo hacen. Como creyentes, nuestras vidas están dirigidas por el temor santo. Tememos a Dios; por lo tanto, no tenemos miedo de otras cosas. No le tememos a la gente. No le tememos a la enfermedad o la muerte. No le tememos el fracaso, la vergüenza o la pérdida. No les tememos a las cosas que otras personas temen. (Al menos, con la ayuda de Dios, estamos aprendiendo a no hacerlo).

Los incrédulos se encuentran indefensos contra las artimañas del temible engañador.

Si no confías en Dios, estás depositando tu fe en las falsas historias de Satanás. Tu vida está dirigida por un miedo impío. No temes a Dios; por lo tanto, *tienes* miedo de otras cosas. Y aunque haces todo lo posible para aumentar la confianza en ti misma a fin de aliviar la ansiedad, tus dudas e inseguridades, en el fondo sabes que esa es una batalla perdida.

El profeta Isaías aprendió que necesitaba tener una relación con el temor muy diferente a la de las personas que no seguían al Señor:

El SEÑOR me habló fuertemente y me advirtió que no siguiera el camino de este pueblo. Me dijo: «No digan ustedes que es conspiración todo lo que llama conspiración esta gente; no teman lo que ellos temen, ni se dejen asustar. Solo al SEÑOR Todopoderoso tendrán ustedes por santo, solo a él deben honrarlo, solo a él han de temerlo». (Isaías 8:11-13)

Isaías se enfrentaba a una situación estresante. Es probable que se le acusara de conspiración por oponerse a la alianza de Israel con Asiria, una alianza que transgredía las instrucciones claras de Dios. Al formular una acusación de conspiración contra él, los detractores esperaban presionar e intimidar a Isaías para que se callara. Sus tácticas para infundir temor habían funcionado con la mayoría de los habitantes y esperaban que también pudieran asustar a Isaías, de modo que estuviera de acuerdo o al menos permaneciera en silencio.

El Señor le advirtió a Isaías que no temiera lo que otros temían. Otros tenían miedo de enfrentarse a las celebridades de la época y la opinión popular. Tenían miedo de ser avergonzados, rechazados y tal vez sancionados en el ámbito social, económico o legal.

Isaías no debía caer en sus mismos temores. No debía temer lo que los demás temían. El Señor le dijo que necesitaba mantener su temor en el lugar correcto. *Deja que el Señor sea tu temor. No te dejes asustar.*

El punto de Dios era que Isaías debía luchar contra el temor con el temor. Temerle a Dios lo ayudaría a temerles menos a otras cosas. Temerle a Dios aumentaría su confianza.

El Señor a menudo reprendía a su pueblo por temerles a otras cosas más de lo que le temían a él (Isaías 57:11). Asimismo, Jesús advirtió: «A ustedes, mis amigos, les digo que no teman a los que matan el cuerpo, pero después no pueden hacer más. Les voy a enseñar más bien a quién deben temer: teman al que, después de dar muerte, tiene poder para echarlos al infierno. Sí, les aseguro que a él deben temerle» (Lucas 12:4-5).

Como ves, el Señor quiere restituir el temor y la confianza al lugar que estos ocupaban antes de que el pecado lo estropeara todo. Dios quiere aplastar el miedo negativo, aprensivo y mentiroso que constituye una herramienta tan poderosa del enemigo y restablecer el temor positivo, reverente y verdadero que originalmente existía en el corazón del ser humano. Él envió a Jesucristo, el Príncipe de Paz, para cumplir esta misión. «El Hijo de Dios fue enviado precisamente para destruir las obras del diablo» (1 Juan 3:8).

Esas son buenas noticias. ¡Noticias excepcionalmente buenas!

Y esto tiene profundas implicaciones en la forma en que lidias con tus miedos e inseguridades. El objetivo no es que dejes de ser controlada por el miedo, sino que dejes de ser controlada por el tipo equivocado de temor y empieces a ser controlada por el temor correcto.

El temor es tu amienemigo. El temor incorrecto es un asesino de la confianza; el temor verdadero edifica la confianza. El temor incorrecto es tu enemigo; el temor verdadero es tu amigo.

3

HOLA, ME LLAMO TEMOR

Cuando [el temor] reina produce en nosotros
una seguridad santa y una paz mental.
Encontramos en él una *confianza fuerte*.

—Matthew Henry, comentario bíblico de Proverbios 14:26-27

Se llamaba Temor. Temor Brewster. Nació en Nottinghamshire, Inglaterra, en 1606. Su familia se encontraba entre los primeros colonos de la colonia Plymouth de Nueva Inglaterra, en las costas de Cape Cod Bay de la actual Massachusetts.

¿Temor? ¿Quién le pondría a su hija semejante nombre? ¿Y por qué? Parecería desconsiderado. Incluso cruel. Imagina andar por la vida escribiendo TEMOR en mayúsculas en cada espacio en blanco destinado al primer nombre de cada formulario. Que tu maestro de clase diga: «¿Temor? Temor, ¿estás aquí?», mientras pasa lista cada mañana. Y presentarte a extraños en las cenas festivas diciendo: «Hola. Me llamo Temor». Sería incómodo. Vergonzoso.

Temor es un nombre muy impropio. Es cierto que algunos nombres de los bebés de las celebridades nos dejan pensando. (Dudo que alguna de tus amigas llamara a su hijo Apple o Blanket). Sin embargo, incluso las celebridades por lo general evitan los nombres con connotaciones negativas. Nombrar a una niña Temor se asemeja a llamarla Morbosa, Tonta o Cobarde. ¿Quién haría eso?

El padre de Temor, William Brewster, no me parece que sea alguien que le pondría a su hija un nombre ridículo. Él estudió en la Universidad de Cambridge y se educó en griego y latín. Fue un líder prominente de los puritanos que emigraron al Nuevo Mundo en el *Mayflower* en 1620.

Como el único miembro con educación universitaria de la comunidad de Plymouth, los historiadores le atribuyen a Brewster la redacción del Pacto de Mayflower, un conjunto de reglas para el gobierno de la nueva colonia. En virtud de su estrecha asociación con su amigo, el gobernador William Bradford, desempeñó un papel importante en los asuntos civiles y religiosos.

¿Por qué un hombre tan respetado llamaría a su hija Temor? ¿Y por qué su esposa lo aceptaría?

Algunos historiadores afirman que la llamaron Temor porque al momento de su nacimiento los puritanos estaban celebrando servicios religiosos ilegales. Fue el «"temor" constante a la detención debido a esta actividad en ese entonces ilegal lo que los inspiró a otorgarle este desafortunado nombre a su hija».[1]

Es cierto que la vida de los Brewster resultaba difícil. Ellos eran separatistas, parte de un grupo de cristianos que se negaron a jurar lealtad a la iglesia de Inglaterra. Debido a sus convicciones religiosas, los Brewster boicoteaban los servicios de la iglesia estatal y en cambio organizaban servicios de adoración en su mansión. Por este delito, William Brewster y otros líderes de la iglesia fueron arrestados y enviados a la cárcel.

Una vez puesto en libertad, Brewster lideró la migración puritana a Holanda con la esperanza de escapar de la persecución religiosa. Allí imprimió y vendió libros puritanos que habían sido prohibidos por el gobierno inglés. El rey Jacobo ejerció presión sobre las autoridades holandesas para volver a arrestarlo. Sin embargo, Brewster escapó. Poco después navegó a través del océano con los puritanos para establecer una nueva colonia. Su sueño era formar una familia en una tierra que apoyara la libertad de religión y la libertad de conciencia.

William Brewster fue un hombre valiente y audaz. El miedo a la persecución no fue lo que lo motivó a él y su esposa a ponerle a su hija un nombre tan extraño. No. Esto se debió a que los puritanos creían que el temor era central para la experiencia cristiana y esencial para una vida audaz y devota.

El sitio web *Oh Baby! Names* se burla del nombre Temor. Bromea, diciendo: «Temor Brewster es probablemente la única criatura en la tierra a la que se le ha dado un nombre tan nefasto».[2]

En realidad, Temor Brewster no fue la única niña llamada Temor. Su tía paterna llevaba el mismo nombre. Otras mujeres de la comunidad puritana probablemente también lo llevaban. Eso se debe a que los puritanos mantuvieron el temor como un tesoro peculiar, algo hermoso y deseable. Para ellos, el nombre apuntaba a algo tan valioso, precioso y atractivo como el nombre Esperanza o Gracia.

POSITIVAMENTE ARCAICO

No es de extrañar que la gente de hoy en día considere el nombre Temor como «nefasto». Después de todo, la mayoría de nosotras solo pensamos en el temor como la emoción fuerte y desagradable que sentimos cuando creemos que estamos en peligro. El temor es un sentimiento negativo que por lo general queremos evitar.

Algunos diccionarios reconocen que el temor tiene otra definición. También puede significar «mirar a Dios con reverencia y respeto». No obstante, esos diccionarios usualmente etiquetan este significado alternativo como «arcaico». Oxford University Press, por ejemplo, define el temor de esta manera:

temor, *sustantivo*

1. Sensación de angustia provocada por la presencia de un peligro, dolor o daño. «Me encogí de temor mientras las balas pasaban».

1.1 (temor a): Sentimiento de ansiedad con respecto al resultado de algo o la seguridad de alguien. «La policía puso en marcha una búsqueda de la familia en medio del temor por su seguridad».

1.2 La posibilidad de que algo desagradable suceda. «Observó a los otros invitados sin temor de llamar la atención».

1.3 *arcaico:* Sentimiento mixto de respeto y reverencia. «El amor y el temor de Dios».[3]

El término *arcaico* indica que la definición del temor como un sentimiento mixto de respeto y reverencia —como en el temor de Dios— está en desuso. Aunque la gente de una época pasada consideraba el temor de esa manera, las personas de hoy en día no lo hacen. El editor del diccionario quiere que sepas que no deberías usar esta definición, porque es anticuada y está en vías de desaparición.

Sin embargo, si abrieras un diccionario del 1800, verías que las personas de ese tiempo sí consideraban la reverencia como un significado legítimo —e incluso prominente— del temor.

Noah Webster, descendiente del gobernador William Bradford de Plymouth, publicó el famoso *Webster's Dictionary* en 1828. Este contenía nueve acepciones del sustantivo *temor*. Casi todos los significados se referían a la Biblia de una manera u otra. He aquí los últimos cuatro:

temor, *sustantivo*

6. En la Escritura, el *temor* se utiliza para expresar una pasión filial o servil. [*Temor* filial] En los hombres piadosos, el *temor* de Dios es un asombro santo o reverencia a Dios y sus leyes... [«A fin de que siempre me *teman*» (Jeremías 32:39, énfasis añadido)].

   El *temor* servil es el efecto o la consecuencia de la culpa; es la dolorosa aprensión del castigo merecido. Romanos 8:15 [«Y ustedes no recibieron un espíritu que de nuevo los esclavice al miedo»].

7. La adoración de Dios... Salmos 34:7 [«El ángel del Señor acampa en torno a los que le temen»].

8. La ley y la Palabra de Dios. «El *temor* del Señor es puro: permanece para siempre» Salmos 19:9.

9. Reverencia; respeto; debida consideración. «Paguen a todos lo que deban: [...] al que *temor, temor*» Romanos 13:7 (NBLA).[4]

El significado del temor definitivamente ha cambiado. Una gran parte del significado original se ha perdido y ahora se considera como arcaico. Según el uso moderno, la palabra es bastante unidimensional. Simplemente significa sentir miedo y aprensión por algo. Sin embargo, en el pasado la palabra tenía un significado mucho más amplio. Implicaba no solo aprensión, sino también reverencia, asombro, adoración, respeto y debida consideración.

Cuando las personas de las generaciones pasadas escuchaban la palabra *temor*, un concepto mucho más rico y multidimensional les venía a la mente, una noción que en realidad está más alineada con la definición de la Biblia.

En la Biblia, la palabra *temor* puede indicar que alguien se siente asustado y aprensivo. No obstante, la Escritura por lo general enfrenta este tipo de temor negativo con un tipo de temor positivo. Esta le da al tipo de temor positivo mucho más énfasis y lo presenta como mucho más poderoso que el tipo negativo. De hecho, enseña que el camino para superar el miedo debilitante es con más temor, un tipo positivo de temor, uno que empodera.

UN TESORO FAMILIAR

Es trágico que las personas hayan perdido una apreciación por la dimensión positiva del temor. No puedo evitar pensar que la razón por la que las mujeres hoy luchan tanto con la confianza es porque tenemos una visión incompleta de lo que significa el temor. Hemos olvidado el temor del Señor.

Si la confianza fuerte se encuentra en el temor del Señor, como afirma la Biblia, entonces debemos abrazar ese tipo de temor con el fin de llegar a ser mujeres fuertes y seguras.

John Bunyan, un escritor inglés del siglo diecisiete y predicador puritano, mejor conocido por su alegoría *El progreso del peregrino*, veía el temor como un gran regalo. Él lo llamó una «gracia bendita».[5] Según Bunyan, esta gracia bendita del temor es una gracia maravillosa, una joya piadosa, una joya escogida y un tesoro invaluable. «Hace que los hombres sobresalgan, y vayan más allá de todos los hombres en la cuenta de Dios; es lo que embellece a un hombre».[6]

El temor es una gracia bendita, una gracia maravillosa... una joya escogida... un tesoro invaluable... El temor puede hacerte sobresalir por encima de los demás... El temor te embellece.

¿Alguna vez has oído a alguien decir este tipo de cosas sobre el temor?

¿Alguna vez has conocido a alguien que apreciara y abrazara tanto al temor?

Lo que es particularmente interesante es que el deleite de Bunyan en el temor de Dios le permitió vivir sin miedos. Él predicó con audacia las buenas nuevas, a pesar de que sabía que era ilegal para cualquier persona, excepto para los funcionarios de la iglesia de Inglaterra respaldados por el estado.

Bunyan era un obrero metalúrgico, un artesano sin educación. Sin embargo, su predicación llena del Espíritu inspiraba a la gente a seguir con pasión a Jesús. Sus palabras eran tan poderosas que las multitudes se acercaban a escuchar.[7] Solo con un día de anticipación reunía a una multitud de más de mil doscientas personas para la mañana del día siguiente. Y eso fue mucho antes de la época de los teléfonos celulares, los mensajes de textos y las redes sociales.

Cuando un día se le informó a Bunyan que se había emitido una orden para su arresto y que predicar esa mañana sin duda le causaría problemas con la ley, se negó a retroceder y habló de todos modos.

Efectivamente, fue encarcelado. Él podría haberse liberado en cualquier momento prometiendo no predicar, pero se negó a hacerlo. Les dijo a las autoridades que prefería permanecer encarcelado hasta que le creciera musgo en sus cejas antes que violar su fe y sus principios. Bunyan permaneció en la cárcel durante doce años hasta que la ley que había quebrantado fue finalmente derogada.

Tras las rejas, Bunyan tenía mucho que temer. Se enfrentaba a condiciones espantosas: la falta de alimentos, las malas condiciones sanitarias, el hacinamiento, el frío húmedo, y la fiebre de la cárcel y otras enfermedades que a menudo plagaban y mataban a los reclusos. Sabía que podría ser ejecutado. Temía por su esposa y sus cuatro hijos, especialmente por su hijo ciego con necesidades especiales, por el cual sentía un cariño especial. A veces temía que mantenerse firme no fuera la decisión correcta. Prometer no predicar habría aliviado todo su sufrimiento y, más importante aún, el de su familia. Bunyan dijo que a veces se sentía tan afligido que le parecía como si la carne le fuera arrancada de sus huesos.[8]

¿Cómo combatió Bunyan estos miedos angustiantes? Abrazando un temor mayor, más poderoso y tranquilizador: el temor del Señor. Él dijo: «[El temor] es una gracia que... te dará gran valor tanto con Dios como con los hombres».[9] Este temor le permitió —como también les permitió a los mártires cristianos a lo largo de la historia— enfrentar «prisiones [cárceles] y la horca [patíbulos]... la espada y la hoguera ardiente» con «¡el espíritu más poderoso e invencible que haya existido en el mundo!».[10]

Reflexiona un momento sobre esto.

¿Quieres ser una mujer segura de ti misma? ¿Una que posee gran calma, gran audacia y la capacidad de enfrentar problemas con el espíritu más poderoso e invencible del mundo? ¡Según Bunyan, *puedes* lograrlo cuando abrazas el temor del Señor!

«El temor del Señor será tu tesoro», declaró el profeta Isaías (33:6). Al igual que la mujer de Nueva York que vendió un viejo tazón blanco en una venta de garaje, las personas que descartan la reverencia como un hermoso aspecto del temor no se dan cuenta de que están desechando un tesoro invaluable. Imagina su arrepentimiento cuando descubrió que el tazón que vendió por tres dólares era en realidad un tesoro de mil años de la dinastía Song del Norte valuado en 2,2 millones de dólares.[11]

Si queremos convertirnos en mujeres confiadas, necesitamos repensar nuestro concepto del temor. Necesitamos limpiar el polvo de esta preciosa reliquia familiar y empezar a valorarla por el tesoro que es.

TIEMPO DE REPENSAR EL TEMOR

Reconsideremos el concepto del temor. El miedo es mucho más que una emoción negativa. Esta percepción común no solo falla en reconocer que el miedo abarca un temor saludable y positivo de Dios, sino que tampoco reconoce la forma en que el temor universalmente añade toques de color a nuestras vidas.

A veces, el miedo resulta emocionante y estimulante. Para muchas de nosotras, la idea de ser asustadas suena divertida.

Solo piensa en las multitudes que forman fila para subirse a la montaña rusa o la caída de la muerte en el parque de atracciones local. O los innumerables guerreros de fin de semana que participan en deportes extremos como paracaidismo, tirolina, ala delta, alpinismo, heliesquí, buceo en cuevas o nadar con tiburones.

Solo piensa en todas las personas que se reúnen para ver las películas de terror. O las multitudes que visitan las casas embrujadas cada Halloween. O lo divertido que es para un grupo de amigos salir de detrás del sofá y gritar en el cumpleaños de un compañero: «¡Sorpresa!».

Las personas pueden sentirse atraídas por experiencias que inducen al miedo. ¿Por qué? Si el miedo fuera completamente indeseable, evitarían estas experiencias a toda costa.

Cuando el circuito del temor de nuestro cerebro se activa, nuestro cuerpo se inunda de adrenalina, endorfinas y dopamina. «La excitación natural producida por la respuesta de lucha o huida puede sentirse genial», explicó la doctora Margee Kerr, una «especialista en sustos» que trabaja como socióloga del personal de ScareHouse, conocida como «la casa embrujada más aterradora de Pittsburgh».[12] «He visto el proceso miles de veces desde detrás de las paredes en ScareHouse; alguien grita y da un brinco, y luego inmediatamente comienza a reír y sonreír. Es increíble observar esto».[13]

Las personas realmente pueden disfrutar la experiencia de sentir miedo. Muchos saborean la adrenalina y la emoción que sienten cuando se enfrentan a una situación riesgosa y aterradora. Por supuesto, para en verdad disfrutar la experiencia, tienen que confiar en que aunque se sientan asustados, la superarán de forma segura.

Cuando la gente ve películas de terror los latidos cardíacos aumentan, las palmas de las manos sudan, la temperatura de la piel desciende, los músculos se tensan y la presión sanguínea se dispara. Y resulta interesante que mientras más miedo siente el espectador, más disfruta la película de terror. Los investigadores concluyen que, curiosamente, «los momentos más agradables de un suceso en particular también pueden ser los más temerosos».[14]

Hay otra dimensión positiva del temor que los diccionarios modernos no abordan: el aspecto motivacional. El miedo puede ser un poderoso motivador. Puede ponerte en movimiento para lograr más, experimentar más y disfrutar más.

El orador motivacional y autor Patrick Sweeney dice que el miedo es el combustible que impulsa la ambición, el coraje y el éxito. Él afirma que abrazar el temor en lugar de rechazarlo es la clave de la confianza. «¡El camino a una vida plena no es evitar el miedo, sino reconocerlo, comprenderlo, aprovecharlo y desatar su poder!».[15]

Aunque Sweeney no aborda el concepto del temor desde una perspectiva bíblica, le doy crédito por reconocer que hay algunas falencias significativas en la manera en que la mayoría de nosotras pensamos acerca del miedo y en cómo lidiamos con esta emoción.

Dios creó a los seres humanos con un intrincado sistema de temor incorporado que originalmente incluía un temor de Dios saludable y positivo. Uno de los efectos más devastadores del pecado es que nuestra red del temor fue dañada. La humanidad perdió su temor de Dios natural y maravilloso. Es más, el pecado introdujo una amplia lista de amenazas oscuras y malignas en nuestras vidas. Como resultado, la gente casi ha perdido de vista el hecho de que el temor puede ser maravilloso. La mayoría de las personas solo experimentan el miedo como algo maravilloso por medio de destellos breves y fugaces.

El miedo es ciertamente una emoción paralizante y debilitante. Sin embargo, también tiene un lado positivo notable, aunque ampliamente descuidado. Puede ser emocionante y estimulante. Apasionante. Motivador. Tranquilizador. Inspirador. Impresionante.

Noah Webster lo sabía. John Bunyan lo sabía. William Brewster lo sabía. Y también lo sabía la hija a quien tan audazmente llamó Temor.

Quiero retarte a revaluar la forma en que consideras el temor. Si quieres pensar en el temor de una manera bíblica, necesitas dejar de verlo como una emoción únicamente negativa. Necesitas recuperar esas facetas positivas del temor que están ausentes en gran medida de la definición moderna.

UNA DEFINICIÓN MÁS AMPLIA

En su raíz, el miedo es una emoción basada en una comparación de fuerza relativa. Me comparo con algo y veo que es más fuerte que yo.

Experimento temor cuando me siento abrumada al darme cuenta de que no estoy a la altura. Lo que enfrento tiene más capacidad. Más autoridad. Más influencia. Más poder.

Cuando estoy en un estado de temor, veo ese miedo como extremadamente grande y me veo a mí misma como muy pequeña. Por ejemplo, siento miedo cuando percibo que

la amenaza es mayor que mi capacidad para detenerla,

el problema es mayor que mi capacidad para resolverlo,

la situación es mayor que mi capacidad para lidiar con ella,

el dolor es mayor que mi capacidad para soportarlo,

la pérdida es mayor que mi capacidad para recuperarme,

la expectativa es mayor que mi capacidad para estar a la altura,

la demanda es mayor que mi capacidad para satisfacerla,

la fuerza es mayor que mi habilidad para igualarla o

el poder es mayor que mi capacidad para controlarlo.

Si percibo que el poder de «aquello» a lo que me enfrento es una amenaza para mi bienestar, entonces el miedo que siento es un sentimiento negativo. Si, por otro lado, percibo que es un beneficio para mi bienestar, entonces el miedo que siento es un sentimiento positivo.

Quisiera proponer una nueva definición para el temor, una que es lo suficientemente amplia como para abarcar tanto una experiencia de temor negativa como una positiva:

temor, *sustantivo*

1. Una sensación fuerte o abrumadora de que alguien o algo es mayor que yo y que ejerce una fuerza más allá de mi control.

El temor es una sensación fuerte o abrumadora. Lo identifico como una sensación porque es más que una emoción. El miedo involucra todos los componentes de la red del temor de una persona: emocional, intelectual, volitivo y físico.

Es *una sensación fuerte o abrumadora*. En otras palabras, el miedo tiene un impacto significativo y profundo en mí. No es como hojear con desgana fotos del Gran Cañón en un folleto turístico brillante. Es más como pararse en el borde de ese cañón gigantesco en persona y sentirte aturdida por sus dimensiones extraordinarias.

El temor es una sensación fuerte o abrumadora sobre *alguien o algo*. Podemos temerle a casi cualquier cosa: una persona, un lugar, un objeto, una situación, un plazo (dice la chica que está tratando de no entrar en pánico para terminar este libro a tiempo), una circunstancia, un suceso, una idea, cualquier cosa.

El temor es una sensación de que alguien o algo *es mayor que yo*. De nuevo, esto constituye una comparación de fuerza relativa. Cuando estoy en un estado de temor, percibo que lo que estoy enfrentando es más fuerte y más poderoso. Es más, *ejerce una fuerza más allá de mi control*. El miedo implica un sentimiento de impotencia. Esta fuerza no solo es mucho más grande que yo, sino que tiene más autoridad. No puedo dirigirla. No puedo detenerla. Estoy a su merced. Hará lo que quiera. El temor supone sentimientos de incertidumbre y ambigüedad. Debido a que no puedo controlar la fuerza, no puedo estar segura del resultado.

Esta definición amplia del temor abarca tanto situaciones en las que el miedo se experimenta como algo negativo como situaciones en las que el miedo se experimenta como algo positivo.

Digamos que vas a hacer paracaidismo sola por primera vez. Te preparas, abordas el avión y esperas nerviosamente para que alcance una altitud de catorce mil pies (unos cuatro mil doscientos metros). Te han instruido en el paracaidismo básico. Sabes cómo salir del avión, asumir una postura corporal de caída libre, desplegar y controlar tu paracaídas y aterrizar. Has saltado en tándem junto a un instructor con un sistema de paracaídas construido para dos. No obstante, es la primera vez que saltas sola.

El avión llega a la zona de descenso. La puerta se abre. El ruido es ensordecedor. Un par de saltadores en tándem van primero. La principiante se pone de rodillas y se desliza hacia la puerta. Grita de miedo a medida que ella y su instructor desaparecen sobre el borde.

Ahora te toca a ti.

Sentada en el borde, sientes la adrenalina correr. Te sientes eufórica. Abrumada. Asustada. Tu corazón está latiendo con miedo, pero te inclinas hacia adelante y saltas de todos modos. Entonces comienzas a caer.

Rápido.

En cuestión de segundos caes en caída libre a unos ciento noventa kilómetros por hora.

El viento te sacude y ejerce una presión ascendente sobre tu cuerpo, mientras que la fuerza de gravedad pesa y te empuja hacia abajo. Te estás precipitando hacia el suelo tan rápido como un conductor de NASCAR corre a toda velocidad alrededor de la pista en Myrtle Beach. Da miedo, pero al mismo tiempo es inexplicablemente pacífico y sereno. La sobrecarga sensorial resulta indescriptible.

El cielo es vasto. La tierra es grande. La fuerza de gravedad es imparable. El viento es poderoso. Te sientes diminuta e insignificante en comparación. En ese momento, estás muy consciente de que todas estas fuerzas son mayores que tú. Están más allá de tu control. Tienes miedo, pero es un tipo de miedo eufórico y emocionante.

La razón por la que te sientes entusiasmada por esta experiencia que te induce al miedo se debe a que confías en que tu paracaídas te hará aterrizar a salvo. No obstante, si tu paracaídas y el paracaídas de respaldo no se despliegan, tus emociones rápidamente pasarán del lado positivo al lado negativo del temor. El pánico y la aprensión reemplazarían a la euforia.

Lanzarte de un avión en perfectas condiciones puede no ser de tu interés. Solo describo este escenario para mostrarte que hay una línea muy delgada entre una experiencia de temor positiva y una negativa. El miedo que siente un paracaidista en caída libre desde un avión es positivo solo en la medida en que pueda depender de su paracaídas para llegar a salvo a tierra.

Quédate con ese pensamiento.

Este es un punto importante que se relaciona con lo que significa tener un temor de Dios saludable y positivo. Sin embargo, antes de lanzarnos a eso (perdón por el juego de palabras), quiero ahondar en la definición de temor solo un poco más.

LAS CATEGORÍAS DEL TEMOR

Cuando era niña, uno de mis juegos favoritos era ordenar el recipiente de los botones de mi mamá. Ella era costurera y nunca tiró un botón. Si una camisa u otra prenda de vestir se desgastaban, les quitaba todos los botones y los arrojaba en una cubeta de helado vieja con todos los demás botones. Luego, cortaba cuadrados de la tela y los colocaba en el contenedor de los trapos en el garaje de mi padre.

Ese recipiente de botones era para mí una fuente de fascinación sin fin. Tiraba todos los botones en el suelo y los clasificaba en categorías. Podía ordenarlos por color, o por tamaño, o por el material del que estaban hechos, o por si tenían vástagos o no, o por el número de agujeros, o por si tenían detalles de metal o brillo. A veces los clasificaba en categorías según su uso o cuánto me gustaban. Después de organizarlos, los volvía a poner en la cubeta, los agitaba, los volvía a tirar y descubría una forma diferente de clasificarlos. Raro, ¿verdad?

Agrupar las cosas en categorías debe ser mi inclinación natural, porque cuando crecí, las ideas se convirtieron en los «botones» que solía ordenar. Y eso es exactamente lo que he hecho con todos los versículos de la Biblia sobre el temor. Esparcí los miles de versículos en el suelo, por así decirlo, y traté de averiguar cómo se relacionan entre sí y la forma más natural de agruparlos.

Según mi entender, el concepto bíblico del temor se puede dividir en tres categorías básicas: temor aprensivo, temor respetuoso y temor reverente.

El TEMOR dice: *Esto es mayor y más poderoso que yo y está más allá de mi control...*

1. El temor aprensivo agrega... *y es probable que me haga daño.*
2. El temor respetuoso agrega... *y es digno de mi consideración.*
3. El temor reverente agrega... *y es digno de mi veneración.*

EL TEMOR APRENSIVO

El temor aprensivo es la categoría que abarca lo que la mayoría de la gente piensa cuando escucha la palabra *miedo*: un sentimiento negativo y aterrador. Las personas experimentan este tipo de temor cuando tienen miedo a ser heridas o verse afectadas negativamente por alguien o algo más poderoso.

La Biblia menciona con frecuencia este tipo de temor. Describe a la gente como temerosa de Dios (He 10:27) y de la muerte (He 2:15). Temerosa de los enemigos (Éx 14:10). De la familia (Gn 32:7). De las personas en general (Dt 3:22). De la crítica (Jue 6:27). Del rechazo (Rt 3:11). De herir los sentimientos ajenos (1 S 3:15). Del fracaso (1 S 18:15). Muestra que tienen miedo por su seguridad

(1 R 19:3). Miedo de la situación política (2 R 10:4). De las amenazas (Neh 6:19). De enfermarse (Dt 28:60). De sufrir (Job 9:28). Y del futuro (Gn 21:17).

Está claro que eso no ha cambiado mucho. Las personas en la Biblia tenían miedo de las mismas cosas que nos asustan a nosotras hoy.

EL TEMOR RESPETUOSO

El temor respetuoso es diferente del temor aprensivo. Mientras que el temor aprensivo anticipa ser perjudicial, el temor respetuoso por lo general no lo hace. Este entiende que la posibilidad del daño se mitiga mediante el ejercicio de una debida consideración.

El temor respetuoso implica ser considerada o deferente hacia alguien o algo que tiene mayor poder o posición. Yo «temo» cuando soy cuidadosa a fin de interactuar con un poder mayor de forma apropiada.

Colocaría los deportes extremos en esta categoría del temor. Un escalador en hielo teme el poder del glaciar, por ejemplo. En otras palabras, siente un sano respeto por su poder. Antes de escalar, monitorea cuidadosamente las condiciones del hielo. Se asegura de que sus crampones estén afilados, su hacha y azuela sean fuertes, sus tornillos de hielo estén firmes, y su cinturón y su arnés estén bien ajustados.

O considera un ejemplo más mundano, como las herramientas eléctricas. Tengo un temor respetuoso de mi sierra circular. Eso no significa que me asuste, al contrario, me encanta y la uso todo el tiempo. Temerle a mi sierra circular simplemente significa que tengo cuidado de mostrarle el respeto que merece.

La Biblia implica que las personas deben tener un sano respeto (temor) por las fuerzas naturales como los relámpagos, los truenos, las tormentas, los océanos embravecidos (Job 38), los animales salvajes (Am 3:8), las zarzas y las espinas (Is 7:25). Sin embargo, el temor respetuoso que más se promueve es hacia aquellos que ocupan puestos de autoridad superiores.

La Escritura instruye a los ciudadanos a temer a los gobernantes (1 P 2:17), a las autoridades gubernamentales y el cumplimiento de la ley (Ro 13:3), y a las leyes y regulaciones (1 S 14:26). Instruye a los niños a temerles a sus padres (Lv 19:3, RVR1960), a los siervos a temerles a sus amos (1 P 2:18, RVR1960), a los jóvenes a temerles a los ancianos (Lv 19:32, RVR1960), a los congregantes a temerles a sus pastores (1 Ts 5:12-13) y a las mujeres a temerles a sus maridos (Ef 5:33).[16]

Romanos 13 nos dice que paguemos a todos lo que se les debe: temor a quien se le deba temor, honor a quien se le deba honor (v. 7, NBLA). Se supone que debemos respetar a los que tienen puestos de autoridad, porque son siervos de Dios para nuestro bien (vv. 3-4).

Por lo general, podemos anticipar el beneficio y no el daño cuando mostramos el respeto apropiado. Por esa razón las Biblias en español a menudo usan palabras como *respeto* o *sujeción* en estos contextos en lugar de la palabra *temor*.

EL TEMOR REVERENTE

La tercera categoría es el temor reverente. La *reverencia* es un sentimiento o actitud de profundo respeto y veneración. Significa tener a alguien o algo en tan alta estima que lo elevas a una condición divina en tu vida.

La Biblia enseña que aunque el temor reverente debe ser reservado para Dios —después de todo, solo él *es* Dios— es posible mostrarles un temor idólatra y reverente a otras personas o cosas. Dios demanda un temor exclusivo. Estipula que debemos temerle a él y no a otros «dioses».

El Señor hizo un pacto y les ordenó: «No temerán a otros dioses [...]. Sino que al Señor, [...] a Él temeran [...] y no temerán a otros dioses. Y el pacto que he hecho con ustedes, no lo olvidarán, ni temerán a otros dioses. Sino que al Señor su Dios temerán». (2 Reyes 17:35-39, NBLA)

El propósito de los pactos de Dios, tanto los antiguos como los nuevos, es abrir un camino para que el hombre sea restaurado a fin de tener una relación correcta con él. Una relación correcta requiere una visión apropiada de quién es Dios y quiénes somos en relación con él. Requiere un temor apropiado.

«¿Qué te pide el Señor tu Dios?», resumió Moisés. «Simplemente que le temas y andes en todos sus caminos, que lo ames y le sirvas con todo tu corazón y con toda tu alma» (Dt 10:12).

El gran sabio estuvo de acuerdo. «El fin de este asunto es que ya se ha escuchado todo. Teme, pues, a Dios y cumple sus mandamientos, porque esto es todo para el hombre» (Ec 12:13). O como dice la Nueva Traducción Viviente, temer a Dios «es el deber que tenemos todos».

EL TEMOR ESTREMECEDOR

De niña me encantaban las tormentas eléctricas, aunque teníamos solo algunas cada verano en el oeste de Canadá, donde vivía. Cada vez que oía los cielos empezar a tronar y retumbar, rápidamente agarraba una manta y salía al exterior. Había una estrecha franja de hormigón seco adyacente a la puerta principal, donde el alero del techo impedía que la lluvia golpeara los escalones. Allí, me acurrucaba en la esquina, me arropaba y me quedaba sentada para ver el espectáculo.

A veces permanecía en mi capullo durante horas, fascinada por los destellos de luz que surcaban el cielo. Después de cada destello, contaba —un segundo, dos segundos, tres segundos— hasta que el inevitable trueno interrumpía mi cuenta.

Mi madre solía asomar la cabeza por la puerta para ver cómo estaba y darme una taza humeante de chocolate caliente. Si tenía suerte, habría un gran malvavisco blanco inflado flotando en la espuma.

El espectáculo de los relámpagos me maravillaba. Para mí, los rayos dentados eran tan entretenidos como cualquier exhibición de fuegos artificiales de Año Nuevo. No dejaban de asombrarme.

Recuerdo una gran tormenta eléctrica que hizo caer granizo del tamaño de una pelota de golf, algunos alcanzaban el diámetro de una bola de béisbol. Pensé que era gracioso. Me puse un impermeable, corrí al garaje para tomar el casco de mi padre y una tapa de metal del tacho de la basura para que actuara como un escudo de protección, y corrí alrededor del patio recogiendo especímenes.

Insistí en que almacenáramos los más grandes en el congelador, donde se quedaron durante meses para que pudiera presumir ante mis amigos y alardear de mis hazañas.

En retrospectiva, mi actitud era más bien la de una imberbe. ¿Alguna vez has oído la palabra *imberbe*? Significa inmaduro o inexperto, como un ave que acaba de nacer y no le han crecido plumas todavía.

Era ingenua. No entendía el inmenso poder del relámpago. No me daba cuenta de que podía ser peligroso, incluso mortal.

Años más tarde, mientras acampaba en las montañas, lo descubrí de la manera más difícil.

Quedé atrapada en medio de una terrible tormenta eléctrica. Los rayos y truenos eran violentos, incesantes y ensordecedores. No se podía contar entre los destellos cegadores y el ruido de los truenos que te ensordecían. El agua entraba a raudales en mi tienda. El viento amenazaba con arrancarla de sus estacas. Me apresuré a recoger mi equipo inundado y evacuar.

Mientras me arrastraba fuera de la lona a punto de colapsar, un enorme rayo cayó sobre un árbol cercano, prendiéndolo en fuego y lanzando chispas, con la corteza explotando y las ramas catapultando. Mi alarma aumentó al estado de pánico. Me tiré al suelo. Estaba literalmente asustada por mi vida.

Esa fue la primera vez que un relámpago me asustó. Me sentí abrumada por su poder. Este era muy grande y poderoso. Yo era muy pequeña e impotente.

Después de esa noche, ya no era un pajarito imberbe. Me habían crecido algunas plumas. Mi actitud hacia las tormentas había madurado de una mera admiración a incluir el temor, el asombro y el respeto profundo. A partir de entonces vi los relámpagos de un modo diferente. Y de alguna manera, una mayor apreciación de su poder también aumentó mi apreciación de su belleza.

Al igual que mi actitud infantil, inmadura y relajada hacia las tormentas eléctricas, creo que los cristianos en esta cultura a menudo muestran una actitud inmadura hacia Dios. Lo amamos, pero no lo reverenciamos. Recibimos de su parte, pero no nos rendimos maravillados ante él. Lo consideramos nuestro amigo, pero no temblamos en su presencia. Lo admiramos, pero no le tememos como nuestro Señor y Rey todopoderoso y omnipotente.

«Ahora bien, si soy [tu] padre, ¿dónde está el honor que merezco?», el Señor preguntó en Malaquías 1:6. «Y, si soy [tu] señor, ¿dónde está el respeto que se me debe?».

En la Biblia, el temor estremecedor es la respuesta natural de aquellos que se encuentran con la gloria de la presencia de Dios. Unas semanas después de sacar a los israelitas de la esclavitud en Egipto, Moisés preparó al pueblo recién liberado para oír a Dios en el monte Sinaí (Éxodo 19). Durante dos días se prepararon para asegurarse de que estuvieran ceremonialmente limpios. También siguieron las órdenes de Moisés de que ningún hombre o bestia se acercara al monte desde el cual Dios hablaría. Si alguien se atreviera a tocar la montaña, moriría.

En la madrugada del tercer día, una densa y oscura nube cubrió la cima del monte Sinaí, bloqueando la luz del sol. Resplandecientes relámpagos de oro blanco y fuertes truenos reverberaban desde el medio de la oscura nebulosa. El pueblo había visto muchas tormentas antes. Pero esta era diferente. Era espeluznante.

Sobrenatural. De otro mundo.

Aunque no podían ver lo que estaba sucediendo, probablemente sintieron la llegada de los cientos de miles de seres angelicales que se movían invisiblemente sobre sus cabezas (Deuteronomio 33:2). Este influjo sobrenatural sin duda los hizo estremecerse.

Un sonido ensordecedor de una trompeta divina señaló que el Señor estaba a punto de descender y que era hora de que Moisés trajera al pueblo al pie de la montaña. El pueblo ya se hallaba asustado por lo que estaba sucediendo. A medida que se acercaban, ciertamente temblaban atemorizados. Incluso Moisés, que antes se había encontrado con la presencia de Dios, se sintió aterrorizado y tembló de miedo (Hebreos 12:21).

Entonces, aunque no parecía posible, las cosas se volvieron aún más aterradoras.

El Señor descendió en medio del fuego. Las llamas y el humo acre explotaron en la cima de la montaña. Las volutas se elevaron hacia los cielos. El monte se sacudió violentamente con temblores sísmicos. El sonido de la trompeta se elevó a niveles ensordecedores.

Moisés clamó a Dios, y Dios respondió con una voz profunda que resonó con mayor poder que el sonido estridente de los truenos.

La gente estaba absolutamente petrificada. El sonido reverberaba a través de sus huesos como si estuvieran de pie frente a los altavoces de subgraves en un concierto de *rock* al aire libre. El suelo convulsionado y los enormes decibeles los sacudían tan violentamente que apenas podían mantenerse en pie.

La sobrecarga de sus sentidos era insoportable.

Fueron tan visible y físicamente golpeados por la santidad y la majestad de Dios que se retiraron aterrorizados del pie de la montaña y le rogaron a Moisés que hiciera que todo se detuviera.

Ante ese espectáculo de truenos y relámpagos, de sonidos de trompeta y de la montaña envuelta en humo, los israelitas temblaban de miedo y se mantenían a distancia. Así que le suplicaron a Moisés:

—Háblanos tú, y te escucharemos. Si Dios nos habla, seguramente moriremos.

—No tengan miedo —les respondió Moisés—. Dios ha venido a ponerlos a prueba, para que sientan temor de él y no pequen.

Entonces Moisés se acercó a la densa oscuridad en la que estaba Dios, pero los israelitas se mantuvieron a distancia. (Éxodo 20:18-21)

Moisés les informó a los hijos de Israel que Dios les había permitido experimentar la gloria de su presencia para que en adelante le temieran y lo obedecieran.

Lo que sucedió en el monte Sinaí estaba destinado a infundir el temor de Dios en sus corazones. En otras palabras, su propósito era mostrarles que Dios era mucho mayor que ellos, y también mayor que todos los dioses de Egipto. Él era una deidad digna de su veneración.

Hay dos tipos de temores mencionados en este pasaje: el temor aprensivo y el temor reverente. El primero es la clase de temor que el pueblo debía rechazar (¡No teman!) y el segundo es la clase que debían abrazar (¡Sí teman!). Moisés les dijo que no debían temer al Señor de una manera *aprensiva*, porque él estaba de su lado y no deseaba herirlos. Por otra parte, debían tener un temor *reverente* hacia el Señor, porque él merecía su temor, obediencia, devoción y adoración.

En las semanas previas a este encuentro en el monte Sinaí, el pueblo de Israel había cuestionado repetidamente a Dios. Moisés esperaba que una mirada más de cerca a la gloria de Dios le pusiera fin a esta actitud pecaminosa e inmadura. Esperaba que la demostración estremecedora en el Sinaí ayudara a sus compañeros israelitas a aprender a considerar a Dios con un temor perdurable y reverente.

La reacción inicial del pueblo fue prometedora. Le dijeron a Moisés: «El Señor nuestro Dios nos ha mostrado su gloria y su majestad, [...]. Repítenos luego todo lo que te comunique, y nosotros escucharemos y obedeceremos» (Deuteronomio 5:24, 27).

Con mucho pesar, Dios sabía que su nueva reverencia sería efímera. Él se lamentó: «¡Ojalá su corazón esté siempre dispuesto a temerme y a cumplir todos mis mandamientos, para que a ellos y a sus hijos siempre les vaya bien!» (Deuteronomio 5:29).

UN PARACAÍDAS ESENCIAL

Cuando el pueblo de Israel vio a Dios mismo manifestarse en una nube en la cima del monte Sinaí, temieron por sus vidas. Este temor no era infundado. Dios es tan glorioso, tan santo, tan poderoso y tan indescriptiblemente maravilloso que los mortales pecaminosos serían totalmente destruidos si entraran en su presencia.

El Nuevo Testamento explica que Dios habita en luz inaccesible. Nadie puede ver a Dios y vivir (1 Timoteo 6:15-16). Su santidad y majestad son tan grandes que seríamos totalmente consumidos. «Porque nuestro "Dios es fuego consumidor"» (Hebreos 12:29).

Ni siquiera a Moisés se le permitió contemplar la gloria de Dios. Si bien se reunió y habló con Dios en la tienda de reunión «como quien habla con un amigo», sus reuniones estaban envueltas en una columna de nube (Éxodo 33:11).

Dios es tan increíblemente grande que cada persona que lo haya visto fue sobrecogida por el temor.

Job exclamó: «Por eso me espanto en su presencia; [...]. Dios ha hecho que mi corazón desmaye; me tiene aterrado el Todopoderoso» (Job 23:15-16). Ezequiel cayó rostro en tierra cuando vio una visión de la gloria del Señor (Ezequiel 3:23). Isaías creyó que iba a morir (Isaías 6:5, RVR1960). Abrumado y sin fuerzas, Daniel cayó de cara al suelo y apenas logró levantarse sobre sus manos y rodillas, temblando (Daniel 10:9-10). Pedro, Jacobo y Juan se llenaron de temor cuando vieron a Cristo transfigurado y oyeron la voz de Dios hablarles desde una nube (Marcos 9:6). Cuando el apóstol Juan vio una visión de Cristo resucitado, cayó a sus pies como muerto (Apocalipsis 19:4).

Cuando se trata de Dios, el temor es la reacción natural y apropiada. Las personas *deben* temblar en su presencia (Salmos 114:7).

Aunque es apropiado temblar de temor ante Dios, la Biblia insiste en que aquellos que tiemblan de temor reverente no deben temblar de temor aprensivo. Si verdaderamente le tememos a Dios, no necesitamos tener miedo de Dios... o de cualquier otra cosa, en realidad. El temor reverente es el antídoto para el temor aprensivo y el fundamento de una confianza fuerte. *En el temor del Señor hay confianza segura.*

¿Por qué? ¿Cuál es la razón de esta paradoja en la que hay que temer y no temer?

Unas páginas atrás te pedí que te quedaras con este pensamiento: el miedo que siente un paracaidista en caída libre desde un avión solo es positivo en la medida en que pueda depender de su paracaídas para llegar a salvo a tierra.

El paracaídas es esencial, de lo contrario su encuentro con la gravedad sin duda terminaría en un desastre. Este proporciona el equipo de seguridad que necesita para experimentar un tipo de miedo emocionante, energizante y positivo durante el paracaidismo. De manera similar, el Señor ha provisto el «paracaídas» que necesitamos para entrar confiadamente a su presencia. Su regalo de la salvación nos permite experimentar un tipo de temor positivo y apasionante cuando nos acercamos a Dios.

El escritor de Hebreos contrastó la experiencia del pueblo cuando se acercó a Dios en el monte Sinaí con nuestra experiencia cuando nos acercamos a él hoy:

> Ustedes no se han acercado a una montaña que se pueda tocar o que esté ardiendo en fuego; ni a oscuridad, tinieblas y tormenta; ni a sonido de trompeta, ni a tal clamor de palabras [...]. Tan terrible era este espectáculo que Moisés dijo: «Estoy temblando de miedo». Por el contrario, ustedes se han acercado al monte Sión, a la Jerusalén celestial, la ciudad del Dios viviente. Se han acercado a millares y millares de ángeles, a una asamblea gozosa, a la iglesia de los primogénitos inscritos en el cielo. Se han acercado a Dios, el juez de todos; a los espíritus de los justos que han llegado a la perfección; a Jesús, el mediador de un nuevo pacto; y a la sangre rociada, que habla con más fuerza que la de Abel. (Hebreos 12:18-19, 21-24)

El encuentro en el monte Sinaí demostró que no era seguro para los pecadores acercarse a un Dios santo. Con el fin de abordar este problema, los sacerdotes ofrecían sacrificios diarios para hacer expiación por los pecados del pueblo. Una vez al año, en Yom Kippur (el Día de la Expiación), el sumo sacerdote entraba en el Lugar Santísimo para encontrarse con Dios y ofrecer un sacrificio en nombre de toda la nación.

Sin embargo, eso no era suficiente.

No resolvía el problema.

Los animales sacrificados no hicieron a los sacerdotes ni a nadie lo suficientemente santos para morar en la presencia de Dios.

El escritor de Hebreos explica que cuando Jesús murió en la cruz, instituyó un camino nuevo y mejor. Jesús hizo lo que los sumos sacerdotes del antiguo sistema sacrificial no pudieron hacer. Él se ocupó completamente del problema del pecado. Jesús aseguró la redención eterna para los pecadores (Hebreos 9:12). Por lo tanto, aquellos que confían en Jesús pueden acercarse con plena libertad a Dios por medio de la sangre de Cristo (Hebreos 10:19).

Moisés llevó al pueblo de Israel al monte Sinaí para encontrarse con Dios, pero Jesús nos lleva a un «monte» mejor, el monte celestial de Sión, la ciudad del Dios viviente.

¡Qué contraste!

En el monte Sinaí, el pueblo tenía que estar al pie de la montaña, a una distancia segura de Dios. La montaña estaba envuelta en una oscuridad aterradora, tinieblas, relámpagos y truenos. La cacofonía del torbellino, las trompetas ensordecedoras, los temblores sísmicos, el fuego ardiente y la resonante voz de Dios hicieron que el pueblo retrocediera aún más con un temor aprensivo.

Sin embargo, ahora el monte Sinaí ha dado paso al monte Sión. La inaccesibilidad de Dios ha sido eclipsada por la experiencia del acceso pleno a la presencia de Dios a través de Jesús, el mediador del nuevo pacto.

La atmósfera en el monte Sión es completamente diferente. Es jubilosa. Es festiva. El sudario de la oscuridad es reemplazado por la luz brillante y una multitud alegre y exuberante de ángeles. Se trata de un ambiente festivo y de celebración, una fiesta celestial, por así decirlo. Dios está allí. Jesús está allí. Todo el que confía en Jesús está allí. Ellos son «los justos que han llegado a la perfección» (Hebreos 12:23). Dios sigue siendo el gran Juez, pero debido a que la sangre de Cristo ha cubierto nuestro pecado, no somos consumidos y somos capaces de habitar seguros en la presencia de Dios.

UNA CONFIANZA LLENA DE TEMOR

Tal vez te preguntes qué tienen que ver todos estos simbolismos del monte y la teología sobre el pecado y la salvación con la confianza. Permíteme asegurarte que es algo altamente relevante. Crucial, incluso.

La Biblia enseña que es imposible tener una confianza fuerte separados de una relación con Jesucristo. Es a causa del sacrificio de Cristo que podemos acercarnos confiadamente al trono de Dios. Allí podemos «hallar la gracia que nos ayude en el momento que más la necesitemos» (Hebreos 4:16). De este modo, la confianza que tenemos al acercarnos a Dios nos da la confianza que necesitamos para atravesar cualquier otra circunstancia. Sin importar lo difícil que sea el desafío que enfrentemos, podemos decir con seguridad: «El Señor es quien me ayuda; no temeré» (Hebreos 13:6).

El escritor de Hebreos nos advirtió que no diéramos por garantizado este privilegio. Indicó que esta gran confianza al acercarnos a Dios debe ir acompañada por una actitud de profunda gratitud y temor reverente:

Tengan cuidado de no rechazar al que habla, pues, si no escaparon aquellos que rechazaron al que los amonestaba en la tierra, mucho menos escaparemos nosotros si le volvemos la espalda al que nos amonesta desde el cielo. [...] Así que nosotros, que estamos recibiendo un reino inconmovible, seamos agradecidos. Inspirados por esta gratitud, adoremos a Dios como a él le agrada, con temor reverente, porque nuestro «Dios es fuego consumidor». (Hebreos 12:25, 28-29)

El temor reverente es la actitud correcta que debemos tener hacia Dios. Esa era la actitud que Dios esperaba del pueblo que estaba ante él en el monte Sinaí. ¿Cuánto más, argumentó el escritor de Hebreos, deberíamos nosotros, los que hemos recibido el derecho de aproximarnos con plena confianza al trono de Dios, acercarnos a él con temor reverente? Las personas que tienen el privilegio de reunirse con Dios en la montaña celestial deben temerle aún más que aquellos que temblaron en su presencia en la montaña terrenal.

Espero que empieces a ver la estrecha conexión que existe entre la confianza y el temor. Espero haberte convencido de que el tipo correcto de temor es un amigo de la confianza fuerte.

El amigo de Job preguntó retóricamente: «¿No es tu temor a Dios tu confianza?» (Job 4:6, RVR1960).

Debería serlo.

El tipo de confianza que Dios quiere que tengamos es una confianza llena de temor. El temor del Señor es el compañero de la confianza fuerte y el antídoto a todos los demás miedos.

Si queremos ser mujeres fuertes y seguras, debemos aprender a estar llenas del temor audaz, hermoso y piadoso que fue valorado por los puritanos.

4

EL FACTOR MIEDO

Existe una clase de temor que no es
repulsivo. No nos aleja. Nos atrae.

—John Piper

¿Alguna vez has tomado una foto de una vista impresionante —como
una playa tropical, por ejemplo— y luego, al mostrársela a una
amiga, sentiste la necesidad de agregar: «La foto no le hace justicia»?

Porque así nos sucede.

Una imagen de píxeles plana y bidimensional es un pobre
remplazo de estar allí en persona. Es como darle a tu amiga un
programa y esperar que ella comprenda lo que fue para ti estar en
el Royal Albert Hall escuchando la emocionante canción «Nessun
Dorma» interpretada por Pavarotti y la Orquesta Filarmónica Real.

La foto del teléfono celular de tu excursión tropical a la playa
no captura la profundidad y la amplitud del caleidoscopio escé-
nico, la sutileza de los colores, la complejidad de las texturas. No
puede transmitir todo el espectro de sensaciones que abrumaron tus

sentidos mientras estabas allí: la caricia del sol, el aroma del mar, el sabor salado, los follajes susurrantes, el himno rítmico de las olas que rompen, la espuma arenosa que juega al escondite entre tus dedos.

Más notoriamente, una imagen no puede capturar la sensación que la escena imponente evocó en tu espíritu. Por lo general, ni siquiera se le acerca.

Brad Lewis es un fotógrafo de renombre internacional que se especializa en la naturaleza y los volcanes, cuyo trabajo aparece a menudo en *National Geographic* y en Discovery Channel. Las impresiones de arte de los volcanes de Brad se exhiben en exposiciones, museos y colecciones corporativas y privadas de todo el mundo.

Él tiene éxito porque sus fotos le hacen mucho más justicia al paisaje que la mayoría. Su *LavArt* captura la belleza cruda y el poder de los volcanes tan brillantemente que las fotos pueden despertar el tipo de asombro que sentirías si estuvieras parada cerca de una fisura que borbotea. Aun así, sospecho que Brad diría que sus fotos no son suficientes.

Tal vez recuerdes haber visto la cobertura de la espectacular erupción del volcán hawaiano Kilauea hace unos pocos años. Los medios de comunicación proporcionaron imágenes del furioso cráter arrojando géiseres de magma rojo ardiente, espectaculares bombas de lava y penachos de ceniza volcánica hasta las nubes. Ríos de lava feroces e imparables cubrieron el paisaje con roca fundida y fuego. Las cascadas volcánicas caían en el océano, produciendo ondulantes nubes cáusticas de *laze* (niebla de lava).

La mayoría de nosotras hemos visto representaciones ficticias de volcanes, como el monte Doom en la trilogía cinematográfica clásica *El señor de los anillos*. Algunas de nosotras hemos escalado rocas volcánicas afiladas hasta el borde de un cráter inactivo. Sin embargo, muy pocas de nosotras hemos experimentado el poder y la belleza de un volcán activo como lo ha hecho Brad.

Él describió la experiencia de esta manera: «Cuando veo la lava caliente que brota de la tierra, fluye por sus flancos y se vierte en el océano, me siento maravillosamente pequeño e insignificante, pero fortalecido por la dinámica eterna que hace posible la vida en este planeta».[1]

Encuentro fascinante la descripción de Brad. Él se siente «maravillosamente pequeño e insignificante». Se siente eufórico, «fortalecido». Se siente deslumbrado en presencia de algo que es mayor que él: una fuerza que es eterna, dinámica, creativa, y de alguna manera está conectada con la vida misma.

En una palabra, lo que Brad siente es temor. Este no es un tipo de temor *aprensivo*. Aunque él reconoce el peligro, no espera salir herido. Se trata de un tipo de temor religioso y *reverente*. Lo inspira a venerar a la madre tierra/naturaleza. Su sentimiento de pequeñez e insignificancia frente al poder del volcán resulta *maravilloso*. Es más, lo impacta de una manera intensa, profunda: lo *empodera*. Lo que Brad describió solo se puede caracterizar como una experiencia espiritual.

Como cristianas, sabemos que el temor asombroso que la creación despierta en nuestros corazones es en realidad un llamado al temor del Señor. El temor menor apunta al temor mayor. La creación declara *su* gloria.

> Los cielos cuentan la gloria de Dios,
>> el firmamento proclama la obra de sus manos.
> Un día transmite al otro la noticia,
>> una noche a la otra comparte su saber.
> Sin palabras, sin lenguaje
>> sin una voz perceptible,
> por toda la tierra resuena su eco,
>> ¡sus palabras llegan hasta los confines del mundo!
>
> (Salmos 19:1-4)

Sin embargo, incluso si las personas no han conectado los puntos ni los han seguido hasta su fuente final, todavía pueden sentir el poder numinoso y misterioso. Pueden sentir el llamado y la atracción de lo sobrenatural. Como Pablo señaló: «Lo que de Dios se conoce les es manifiesto, pues Dios se lo manifestó. Porque las cosas invisibles de él, su eterno poder y deidad, se hacen claramente visibles desde la creación del mundo, siendo entendidas por medio de las cosas hechas» (Romanos 1:19-20, RVR1960).

Sin duda has oído el dicho: «Una imagen dice más que mil palabras». Es verdad. No obstante, en el caso de esta misteriosa atracción, tanto la imagen como las palabras se quedan cortas. No podemos describir el maravilloso sentimiento que se despierta cuando somos conmovidas por una experiencia genuinamente impresionante. El sentimiento es elusivo, pero abrumador e inconfundible. Nos susurra —a menudo cuando menos lo esperamos— desde el confeti dorado de las hojas otoñales, el *crescendo* de la música o la risa de un niño.

Se trata de una atracción de otro mundo. Un presentimiento. Una fragancia seductora que solo podemos oler, una sombra cuya forma no podemos discernir. Es un llamado que nos invita a acercarnos y perdernos en un sentimiento atemorizante y maravilloso de pequeñez e insignificancia en la presencia del Dios todopoderoso.

MISTERIOSO, TEMEROSO, FASCINANTE

Rudolf Otto fue un teólogo y filósofo alemán que vivió a principios del siglo veinte. Él acuñó una frase en latín para describir cómo los seres humanos se sienten en la presencia de Dios: *mysterium tremendum et fascinans*.

Mysterium significa «misterio». Dios es un misterio para nosotras, porque es «enteramente otro». Debido a que somos mortales y él es inmortal, no podemos comprender plenamente su naturaleza. Él resulta incomprensible, mucho mayor de lo que los procesos sensoriales o racionales humanos pueden entender. Por ende, cuando entramos en contacto con Dios, lo contemplamos con admiración, asombro y estupor. Quedamos conmocionadas, es decir, sorprendidas, asombradas, abrumadas, aturdidas, perplejas, desconcertadas, confundidas, anonadadas.

Por ejemplo, cuando el pueblo de Israel presenció el poder de Dios, clamó: «¡Estamos perdidos, totalmente perdidos!» (Números 17:12). Isaías tuvo una respuesta similar. Él también exclamó: «¡Ay de mí, que estoy perdido!» (Isaías 6:5). *Mysterium* indica que lo sobrenatural nos maravilla. Nos desequilibra. Nos desarma por completo.

Tremendum es la segunda palabra en latín de la frase de Otto. Significa «estremecerse con temor reverente». Temblamos de temor porque reconocemos que el poder de Dios es mayor que el nuestro. Él ejerce una fuerza más allá de nuestro control. Este temor se combina con la reverencia, porque reconocemos que él también es superior. No solo es mayor en fuerza, sino que además es mayor en autoridad. Es abrumadoramente majestuoso. Y por ello merece nuestra veneración.

Otto le llamó a esto el «sentimiento de criatura» o el sentimiento de «conciencia de criatura». «Esta es la emoción de una criatura, hundida y abrumada por su propia nada en contraste con aquello que es supremo y está sobre todas las criaturas».[2]

El estremecimiento profundo e interior que indica la palabra *tremendum* no es miedo en el sentido ordinario de la palabra. Otto argumentó que el hombre no tiene la habilidad innata de temerle a Dios de la manera correcta.

El hombre natural es totalmente incapaz incluso de «estremecerse» o sentir horror en el estricto sentido de la palabra. Pues
«estremecerse» es algo más que el temor natural y ordinario.
Implica que lo misterioso ya empieza a asomarse a la mente y
tocar los sentimientos.[3]

La capacidad de estremecerse con temor reverente no es una
capacidad humana natural. Tampoco es un temor humano natural.
Solo un encuentro personal con Dios puede despertar esta clase de
temor.

La palabra final de la frase en latín es *fascinans*, que significa
fascinante. La presencia de Dios es sobrecogedora, pero también
cautivadora. Atrae y repele al mismo tiempo. Para aquellos que
lo aman, su poder y majestad son singularmente hermosos y
fascinantes.

Sí, su presencia nos abruma y nos maravilla. Sí, nos estre-
mecemos delante de Dios. Al mismo tiempo, nos encontramos
irresistiblemente atraídas hacia él, cautivadas y fascinadas de maneras que no podemos explicar por completo.

Su poder, santidad y justicia nos asustan, pero su amor, gracia y
misericordia nos cautivan. No podemos entenderlo, ni controlarlo,
pero de alguna manera esto solo sirve para que lo amemos y reve-
renciemos aún más.

Es como la relación que Brad, el fotógrafo de los volcanes, tiene
con los mismos. Él sabe que el volcán es poderoso e impredecible. La
lava caliente y fundida podría matarlo con facilidad. Sin embargo,
se siente fascinado por ella y atraído por su belleza de una manera
irresistible. En lugar de repelerlo, el poder absoluto y desenfrenado
lo hipnotiza y lo atrae magnéticamente.

La compleja mezcla de sentimientos que experimentamos en
la presencia de nuestro misterioso, temeroso y fascinante Señor

me recuerda la parte de la historia de C. S. Lewis, *El león, la bruja y el armario*, donde el señor y la señora Castor les cuentan a los niños acerca de Aslan, el león que alegóricamente representa a Cristo.

—¿Es... es un hombre? —preguntó Lucía, dudando.

—¡Aslan un hombre! —exclamó el Castor con voz severa—. Ciertamente, no. Ya les dije que es el Rey del bosque y el hijo del gran emperador de Más-Allá-del-Mar. ¿No saben quién es el Rey de los animales? Aslan es un león, *el león*, el gran león.

—¡Oh! —exclamó Susana—. Pensaba que era un hombre. Y él..., ¿se puede confiar en él? Creo que me sentiré bastante nerviosa al conocer a un león.

—Así será, cariño —dijo la señora Castora—. Eso es lo normal. Si hay alguien que pueda presentarse ante Aslan sin que le tiemblen las rodillas, o es más valiente que nadie en el mundo, o es, simplemente, un tonto.

—Entonces es peligroso —dijo Lucía.

—¿Peligroso? —dijo el Castor—. oyeron lo que les dijo la señora Castora? ¿Quién ha dicho algo sobre peligro? ¡Por supuesto que es peligroso! Pero es bueno. Es el Rey, les aseguro.

—Estoy deseoso de conocerlo —dijo Pedro—, aunque sienta miedo cuando llegue el momento.[4]

C. S. Lewis captura de manera hermosa la paradoja. Aslan no es un hombre, es un león; *enteramente otro*. Además, no es solo un león común. Es el *gran* león, el león sobre todos los leones, el rey de las bestias. No está domesticado. Nadie lo puede controlar. Las rodillas de los niños deberían temblar de miedo ante la intimidante presencia de Aslan. Sin embargo, como expresó Pedro, el hermano mayor de Lucía, de todos modos anhelaban conocerlo.

Aunque temblaran, no sería con un tipo de miedo repulsivo. Era un estremecimiento envuelto de anhelo y expectativa.

ES EL TEMOR EL QUE HABLA

En el capítulo anterior, aprendimos que el temor reverente dice: «Dios es mayor y más poderoso que yo, está más allá de mi control y es digno de mi veneración». En este capítulo, vamos a profundizar en este tipo de temor multifacético. Descubrirás que esta hermosa joya se compone de cinco facetas principales: asombro, obediencia, devoción, adoración y seguridad.

ASOMBRO: ÉL ES MUCHO MÁS DE LO QUE PUEDO COMPRENDER

La primera faceta del temor reverente es el asombro. La Biblia ordena que todo el mundo «tema al Señor» y que «tiemblen en su presencia» (Salmos 33:8, LBLA). Entonces, ¿qué es exactamente este asombro?

La mayoría de los diccionarios lo definen como «el sentimiento de respeto y admiración que tienes cuando te enfrentas a algo maravilloso y a menudo bastante aterrador».[5]

A menudo bastante aterrador. En otras palabras, algo que es maravilloso, pero que también puede ser un poco atemorizante. Como un impresionante despliegue de Halloween en el jardín, lleno de espeluznantes calabazas, telarañas transparentes, música escalofriante y un esqueleto amenazante que de repente te salta encima. «Oh... ¡Eso es asombroso!», exclaman los que piden dulces.

Al menos este escenario contiene un indicio subyacente de miedo. Normalmente, el miedo ni siquiera aparece en escena. La mayoría de las personas usa las palabras *asombro* y *asombroso* de una manera en que la connotación de miedo está prácticamente ausente.

Asombroso hoy en día simplemente significa maravilloso. El temor y la reverencia están apenas —por no decir nunca— implícitos.

El clima es asombroso.

El programa de televisión es asombroso.

El atuendo es asombroso.

El pastel de nueces está asombroso.

El capuchino está asombroso.

Cuando llegamos a la iglesia y escuchamos que Dios es asombroso, la idea que nos viene a la mente es que él es increíble y maravilloso. Él es hermoso. Gratificante. Bueno. Nos asombramos ante su presencia de la misma manera en que nos quedamos asombradas por el amanecer que nos hizo sentir reconfortadas y felices por dentro. Tristemente, esta visión del asombro no encuadra en absoluto con el significado bíblico.

Una palabra estrechamente relacionada, cuyo significado también ha pasado de moda, es la palabra *terrible*. En el pasado, cuando alguien describía algo como terrible, quería decir que se sentía sobrecogido. Es decir, inspiraba al observador a estar lleno de asombro. Por ejemplo, John Bunyan relató que la bondad y la grandeza de Dios despertaron en su corazón una «terrible reverencia de su santa majestad».

Según el diccionario de 1828 de Noah Webster, *terrible* es aquello que «impresiona con temor» y «llena de una profunda reverencia».[6] Cuando Bunyan describió la reverencia de la majestad de Dios como terrible, quiso decir que despertaba un sentimiento de temor maravilloso, tembloroso y santo.

Los cristianos puritanos usaban la palabra *terrible* de una manera positiva. Para ellos, una reverencia terrible era algo santo y maravilloso. Sin embargo, ahora, este concepto ha quedado desactualizado. Para las mentes modernas, algo terrible no es maravilloso. Es extremadamente desagradable u objetable. ¿Por qué? Porque hoy en día, la mayoría de las personas ven el miedo en general como algo malo, desagradable o feo. No obstante, según la Biblia, el asombro no puede divorciarse del temor. El *asombro* y el *temor* son prácticamente lo mismo.

Hemos despojado de su significado a palabras como *temor* y *asombro*. Eso es triste. Porque cuando nos perdemos el significado, es más difícil comprender el concepto. Las palabras que tenemos a nuestra disposición simplemente no son lo suficientemente abarcadoras para contener o comunicar la idea.

Durante mi investigación sobre el significado del *asombro*, me encontré con el sitio web del doctor Roy, un médico que se especializa en la psicología positiva y la ciencia de la felicidad. Aunque Dr. Roy no promueve una cosmovisión cristiana, nota con perspicacia que el asombro genuino está saturado tanto de la admiración como del temor.

¿Qué significa estar atrapados por el asombro? ¿Cómo es sentir el poder del mismo?

El asombro no es simplemente un sentido de admiración. Tampoco implica un sentido de temor. Es ambas cosas, y aún más poderoso.

El asombro no es una mera sensación de admiración, porque la admiración no provoca miedo. El asombro no es solo temor, porque este no cautiva tu mirada. Es una fusión de ambos, y aún más.

El asombro constituye un brebaje embriagador de temor, admiración, deleite y sorpresa. En presencia del asombro, tienes miedo, y aun así te paras para devorar su emoción.

El asombro es una experiencia intrigante y poderosa. Lo sientes cuando te fascina un espectáculo, excepcional y extraordinario.

A medida que su gran escala te mantiene atrapado y fascinado, te das cuenta de que no es parecido a nada que hayas visto antes.

Quizás no podemos explicar el asombro tan bien como podemos experimentarlo. El asombro no comparte esta cualidad con ningún otro sentimiento positivo...

Una experiencia de verdadero asombro te envuelve y redefine tu vida de una manera que nunca antes imaginaste. Eleva tu alma.[7]

Nuestro concepto moderno del asombro es despreciablemente pequeño. Es para el concepto bíblico lo que una suave ola es para un tsunami imponente. De acuerdo con la Escritura, el asombro es el estado emocional elevado de una criatura en presencia de su Creador todopoderoso, de un mortal en presencia de los inmortales, de lo natural en presencia de lo sobrenatural, de lo terrenal en presencia de lo divino. Es un brebaje embriagador caracterizado por el miedo, la extrañeza y el terror mezclados con la admiración, la veneración y la reverencia.

El asombro es el MIEDO, la EXTRAÑEZA y el TERROR mezclados con la ADMIRACIÓN, la VENERACIÓN y la REVERENCIA.

A Rudolf Otto se le ocurrió la frase *mysterium tremendum et fascinans* para describir este sentimiento tan complejo de definir.

El asombro significa que estamos deslumbradas —sobrecogidas, estupefactas, aturdidas— por el Dios que es enteramente otro. Tenemos miedo porque nos sentimos muy conscientes de la extensión de nuestra propia vulnerabilidad. Sin embargo, al mismo tiempo estamos fascinadas por su impresionante gloria. Él es mayor de lo que nuestras mentes humanas finitas pueden comprender.

- Su poder es inigualable.
- Su santidad es absoluta.
- Su excelencia es incomparable.
- Su justicia es suprema.
- Su soberanía es sin igual.
- Su belleza es indescriptible.
- Su gloria es trascendente.

El asombro implica una conciencia increíble, impactante y emocionante de la gloria de Dios que nos sacude hasta la médula y reorienta radicalmente nuestra perspectiva.

El asombro por Dios nos envuelve.

Redefine nuestras vidas de maneras que nunca imaginamos.

Eleva de verdad nuestras almas.

¿Cuándo fue la última vez que estuviste cautivada por el asombro? ¿Alguna vez has experimentado la poderosa mezcla de admiración y temor en la presencia de Dios?

OBEDIENCIA: ÉL ES DIGNO DE MI SUMISIÓN

El asombro es una emoción intensa y poderosa. Sin embargo, no se detiene ahí, sino que exige una respuesta activa y apropiada.

Si el temor reverente fuera un diamante, el asombro sería la importantísima faceta de la mesa: el corte superior. La faceta de la mesa funciona como la ventana del diamante. Esta recoge la luz proveniente de arriba y la direcciona al interior del diamante. Las otras facetas reflejan y refractan esa luz.

La segunda faceta del temor reverente es la obediencia. Respondo a un conocimiento de la grandeza de Dios con la acción apropiada. Él es Dios y yo no lo soy; por lo tanto, le obedezco. Me someto con humildad a su voluntad. Reconozco con gozo su derecho absoluto a gobernar.

La Biblia es clara en que la obediencia resulta un elemento crucial del temor de Dios. «¿Qué te pide el SEÑOR tu Dios? Simplemente que le temas y andes en todos sus caminos» (Deuteronomio 10:12). Jesús afirmó que todo el que lo ama obedece sus enseñanzas (Juan 14:23). Él es la fuente de salvación eterna para todos los que le obedecen (Hebreos 5:9).

El temor reverente nos mueve a amar las cosas que Dios ama y a aborrecer las cosas que él aborrece. «El temor del SEÑOR es aborrecer el mal» (Proverbios 8:13, NBLA). Los que temen a Dios abrazan la santidad y se alejan del pecado (Éxodo 20:20). Ellos obedecen con gozo al Señor todos los días de sus vidas (Deuteronomio 6:2; 1 Juan 5:2). Son santos en todo lo que hacen, así como él es santo (1 Pedro 1:15-16).

Por lo tanto, si en verdad temo a Dios, me apartaré de

el egocentrismo
el materialismo • la envidia • la pretensión
la arrogancia • la condescendencia • la falta de respeto
el desdén • los insultos • las calumnias • los chismes
la blasfemia • la falta de disciplina • la impulsividad
la actitud testaruda • la insensibilidad • el cinismo
la crítica • la queja • el rencor • la venganza

las puñaladas por la espalda • la autoindulgencia
la hipocresía[8]

Seré amorosa, paciente y amable. No voy a envidiar, ni a jactarme, ni a ser arrogante o grosera. No voy a insistir en hacer mi voluntad. No me mostraré irritable ni resentida. Nunca dejaré de creer, nunca dejaré de esperar, nunca me rendiré (1 Corintios 13:4-7). No permitiré que ninguna conversación nociva salga de mi boca, sino que solo hablaré lo que sea de edificación para otros de acuerdo con sus necesidades (Efesios 4:29). No toleraré ni siquiera una pizca de inmoralidad sexual en mi vida, ni toleraré ningún tipo de impureza ni codicia, porque estas cosas son impropias para el pueblo santo de Dios (Efesios 5:3).

¡Ay!

Estos versículos revelan que no logro alcanzar el estándar de Dios. Me dicen que tengo un largo, largo camino por recorrer para desarrollar un temor de Dios apropiado. No obstante, también me recuerdan la asombrosa bondad, misericordia y gracia del Señor. Pablo dijo: «Al que no cometió pecado alguno, por nosotros Dios lo trató como pecador, para que en él recibiéramos la justicia de Dios» (2 Corintios 5:21).

No sé a ti, pero este versículo me fascina.

Es *asombroso*. Me deja sin aliento.

Solo piensa. Jesús llevó todos nuestros pecados para que pudiéramos ser santos delante de Dios. Ninguna condenación hay para aquellos que creen en él (Romanos 8:1-2).

Eso significa que a pesar de que no puedo alcanzar el estándar de Dios, él no me condena por esto. A través de Jesús, soy santa a los ojos de Dios. Es más, el pecado no me aprisiona ni gobierna sobre mí, como una vez lo hizo (Romanos 6:14). Soy libre para obedecer a Dios. De hecho, deseo y me deleito en obedecerlo en lo íntimo de mi ser (Romanos 7:22).

La condición de «santa» que me fue conferida por medio de la muerte y la resurrección de Cristo me inspira a esforzarme para deshacerme del pecado en mi vida.

El *tengo que hacerlo* se ha convertido en un *quiero hacerlo*.

Como C. S. Lewis dijo tan acertadamente:

Así, si verdaderamente os habéis puesto en Sus manos, de esto debe seguirse que estáis tratando de obedecerle. Pero lo estáis haciendo de una manera nueva, de una manera menos preocupada. No haciendo estas cosas para ser salvados, sino porque Él ya ha empezado a salvaros. No con la esperanza de llegar al Cielo como recompensa de vuestras acciones, sino inevitablemente queriendo comportaros de una cierta manera porque una cierta visión del Cielo ya está dentro de vosotros.

Pablo nos dice que llevemos a cabo nuestra salvación con «temor y temblor» para que nuestro carácter coincida cada vez más con la buena voluntad de Dios para nuestras vidas (Filipenses 2:12). Este «temor y temblor» no es un temor aprensivo al juicio. De hecho, es exactamente lo contrario.

A través de Jesús podemos estar seguras de nuestra condición ante Dios.

Nuestra obediencia no está motivada por el miedo al castigo, sino por una asombrosa y temerosa conciencia del perdón que Cristo nos ha asegurado. Surge de la gratitud, no de la culpa. No es un *requisito* para el perdón, sino un *resultado* inevitable de este. Como notó el salmista: «En ti se halla perdón, y por eso debes ser temido» (Salmos 130:4).

¿Cómo te va en el área de la obediencia? ¿Te deleitas en obedecer a Dios? ¿Qué dice tu nivel de obediencia acerca de tu necesidad de crecer en el temor del Señor?

DEVOCIÓN: ÉL ES DIGNO DE MI LEALTAD

Si fueras de viaje a Japón, es probable que tu guía te lleve a ver la escultura de bronce de un perro en la ciudad de Shibuya, un barrio de Tokio. Esta estatua es uno de los lugares de reunión más famosos de Japón. Muchas personas se toman fotos con la estatua del perro de bronce o la adornan con guirnaldas de flores. La estación de trenes cercana muestra al mismo perro en una enorme pared de mosaico colorido. Incluso las tapas de las alcantarillas de la estación están inscritas con homenajes de bronce a este famoso canino.

El perro, cuyo nombre era Hachiko —Hachi para abreviar— también es honrado en otros lugares de Japón. Su pelaje se conserva y se exhibe permanentemente en el Museo Nacional de Ciencias de Japón. En la Universidad de Tokio hay una escultura de bronce de Hachi. Asimismo hay numerosas esculturas y homenajes en la ciudad de Odate, su lugar de nacimiento. Además, puedes comprar una baratija o un recuerdo del perro en prácticamente todas las tiendas de recuerdos japonesas.

¿Por qué Hachi es tan famoso?

Hachi pertenecía al doctor Ueno, un profesor que enseñaba en la Universidad Imperial de Tokio a principios de la década de 1920. Cada día, Hachi acompañaba a Ueno a la estación de trenes de Shibuya y luego lo volvía a esperar en la estación cuando regresaba del trabajo. Ellos continuaron con esta rutina diaria durante varios años. Pero entonces cierto día el profesor no regresó. Él sufrió un derrame cerebral mientras daba clases y murió sin regresar nunca a la estación de trenes donde Hachi lo esperaba.

Hachi se aparecía a diario en la estación de trenes precisamente cuando el tren debía llegar con el fin de esperar a su querido amo. Hachi no se dejó intimidar por otros perros ni por las personas que intentaron persuadirlo o ahuyentarlo. Día tras día llegaba a la hora señalada y observaba expectante cómo desembarcaban los pasajeros. Cuando su amo no aparecía, Hachi dejaba caer su cola decepcionado y trotaba a casa con tristeza, solo para regresar al día siguiente y continuar su vigilia. Después de esperar fielmente a su amo cada día durante casi diez años, el perro leal murió. Sus restos cremados fueron enterrados al lado de su dueño. Hachi finalmente se reunió con el amo que tanto adoraba.

La historia de Hachi se convirtió en una sensación. Su legendaria lealtad se convirtió en un símbolo nacional en Japón, presentado como un ejemplo a seguir.

La devoción es la tercera faceta del temor piadoso. Esta significa apego profundo y dedicación. Comprende amor, lealtad y servicio sincero.

La Biblia repetidamente enfatiza que el temor del Señor implica aferrarse a él, seguirlo y servirle con devoción (Deuteronomio 10:12, 20; 13:4). «Manténganse unidos firmemente a él y sírvanle de todo corazón y con todo su ser» (Josué 22:5).

La palabra hebrea para *mantenerse unidos* es *dabaq*. La misma significa «pegar». Este término se usa en el sentido literal de pegarse o adherirse a algo. Sin embargo, también se usa en el sentido más abstracto de apegarse a alguien con lealtad y devoción.

El temor del Señor implica un compromiso sincero y puro (2 Corintios 11:3). Una devoción profunda. Cuando tememos a Dios, nos *apegamos* a él como si estuviéramos unidos con pegamento. Nos aferramos a la fe que profesamos (Hebreos 10:23), a la Palabra de Dios (Salmos 119:31), a sus caminos (Romanos 12:9) y a la esperanza de la venida de Cristo (Hebreos 6:18).

Las personas de Japón podrían decir que Hachi era devoto a su amo. Si la gente observara tu vida, ¿a quién o a qué dirían que eres devota? ¿Indican tus acciones que te apegas al Señor como con pegamento?

ADORACIÓN: ÉL ES DIGNO DE MI ALABANZA

De 2009 a 2011, la banda de *rock* irlandesa U2 viajó por todo el mundo con su épico Tour 360°. Apodado como el mayor espectáculo de la tierra, la gira hizo paradas en estadios de Europa, América del Norte, América del Sur, África y Oceanía.

El enorme escenario circular de 360 grados contaba con una estructura gigante metálica de ciento noventa toneladas con cuatro arcos llamada «La garra». La estructura con forma de araña se elevaba a más de quince pisos de altura, formando una catedral tipo ciencia ficción, con una plataforma giratoria, pasarelas móviles, un sistema de altavoces monstruoso, equipos de iluminación enormes y una monumental pantalla central de video cónica.[10]

No solo fue el concierto tecnológicamente más innovador y costoso que el mundo haya visto, sino que también el más concurrido. Todos los espectáculos de la gira se agotaron, muchos a los pocos minutos de que las entradas salieran a la venta. En total, más de siete millones de espectadores quedaron impresionados por la espectacular exhibición.[11]

El concierto 360° en el estadio Rose Bowl en Pasadena, California, tuvo una audiencia récord de casi cien mil personas.[12] La numerosa multitud saltó, bailó, aclamó y cantó bulliciosamente junto con la famosa banda. Cuando Bono irrumpió en una estrofa a capela de «Sublime gracia», la muchedumbre de personas que rodeaba el escenario levantó espontáneamente sus brazos al aire moviéndolos de un lado a otro en un momento de adoración solemne. Luego, cuando la banda hizo la transición a «Where the Streets Have No Name», el clásico de U2 de 1987, la multitud se volvió absolutamente salvaje: aplaudiendo, gritando, cantando y saltando en sincronía con el ritmo de la música.

Más tarde, el público afirmaba eufórico sobre la experiencia. «¡Fue algo legendario! ¡Maravilloso! ¡Impresionante! ¡Asombroso!».

Un espectador testificó que había algo espiritual y de otro mundo con respecto a toda la experiencia: como darle un vistazo al cielo.[13]

Es posible que algunas de ustedes no hayan oído hablar de la famosa gira de U2. Esta terminó hace una década. La música se detuvo. Las luces se apagaron. Y es solo cuestión de tiempo antes de que se borre de la memoria y sea eclipsada por otro «mayor espectáculo de la tierra».

Por impresionante que haya sido el espectáculo, la emoción de ver a Bono actuar en directo en ese lugar no se puede comparar con el asombro que sentimos en la presencia de Dios. ¡Ni siquiera se acerca! El escritor de Hebreos nos recuerda que si creemos en Jesús, hemos conseguido una entrada y somos parte de la multitud en un espectáculo mucho más notable y deslumbrante. ¿Recuerdas el pasaje de Hebreos 12?

> Por el contrario, ustedes se han acercado al monte Sión, a la Jerusalén celestial, la ciudad del Dios viviente. Se han acercado a millares y millares de ángeles, a una asamblea gozosa, a la iglesia de los primogénitos inscritos en el cielo. Se han acercado a Dios, el juez de todos; a los espíritus de los justos que han llegado a la perfección; a Jesús, el mediador de un nuevo pacto; y a la sangre rociada, que habla con más fuerza que la de Abel. (vv. 22-24)

Hay millares y millares de ángeles en el cielo. En otra parte se nos dice que el número de las huestes celestiales era millares de millares y millones de millones (Apocalipsis 5:11). Estas descripciones indican que la cantidad de ángeles es inconmensurable. Las huestes del cielo son incontables (Jeremías 33:22). Aun si los siete millones de espectadores del Tour 360° de U2 se reunieran en el mismo lugar, parecería un público pequeño e irrisorio comparado con la asistencia a este concierto sobrenatural.

La Biblia indica que las huestes de seres angelicales que rodean el trono de Dios lo alaban día y noche. Exaltan de continuo sus virtudes. ¿Notaste cómo el escritor de Hebreos describió la escena? ¡Es un encuentro *festivo*! ¡Ellos están eufóricos! No pueden contenerse. Tampoco pueden hacerlo los ancianos ni los seres vivientes que, sobrecogidos de asombro, se postran constantemente y adoran a Dios de manera espontánea, exclamando: «¡Amén, Aleluya!» (Apocalipsis 19:4).

En la visión de Juan, una voz desde el trono exclamó: «¡Alaben ustedes a nuestro Dios, todos sus siervos, grandes y pequeños, que con reverente temor le sirven!» (Apocalipsis 19:5). No está claro a quién pertenecía la voz; puede haber sido al arcángel Miguel, o tal vez fue a uno de los cuatro seres vivientes. Sin embargo, lo que *está* claro en esta exhortación es la conexión inconfundible entre el temor de Dios y la adoración. ¡Pequeños o grandes, los que le temen, *alábenlo*!

La adoración es la cuarta faceta del temor del Señor. *Adoración* es una palabra que en inglés (*worship*) combina el prefijo *wor-*, de la palabra *worth* (valor), con el sufijo *-ship*, que significa «condición o forma». Por lo tanto, la adoración tiene que ver con la condición de ser digno. La mejor manera de pensar acerca de la adoración es que esta reconoce el «valor» de Dios. Nuestra adoración proclama su valor. En otras palabras, proclama que él es *digno* de recibir el honor y la alabanza.

Los millares de millares de ángeles en el cielo cantan a viva voz: «¡Digno es el Cordero, que ha sido sacrificado, de recibir el poder, la riqueza y la sabiduría, la fortaleza y la honra, la gloria y la alabanza!» (Apocalipsis 5:12). La alabanza de los ángeles exalta el valor de Dios.

Lo mismo sucede con nosotras. Si realmente comprendiéramos el valor de Dios, si estuviéramos en verdad impresionadas por su imponente gloria, entonces naturalmente responderíamos con acciones de gracias y alabanza.

SEGURIDAD: ÉL ES DIGNO DE MI CONFIANZA

La premisa de este libro es que el temor del Señor crea una confianza segura. Mientras más le tememos, menos temor les tenemos a otras cosas y más seguras de nosotras mismas nos volvemos.

A estas alturas debes saber que la seguridad significa confianza. Es confianza o fe en una persona o cosa. El temor y la confianza van de la mano. Cuando tememos a Dios, ponemos nuestra confianza en él. Confiamos en su fuerza más que en la nuestra o en la fuerza de otras personas o cosas. Como David exhortó: «Los que temen al SEÑOR, confíen en él» (Salmos 115:11).

En el apogeo de la popularidad de Cristo, los discípulos de Jesús deben haberse sentido excepcionalmente confiados con respecto al futuro. Estaban seguros de que Jesús era el Mesías prometido, el libertador. En su opinión, esto significaba que lideraría un movimiento político para librar a la nación de Israel del dominio del Imperio romano.

Las cosas se veían prometedoras. Extremadamente prometedoras. Mientras más milagros Jesús hacía, a más seguidores atraía. Las multitudes aumentaban. Un gran número de seguidores se reunía para escucharlo. ¡Jesús era una superestrella! El movimiento estaba ganando impulso. Un día, millares de personas vinieron a ver a Jesús y se atropellaban unas a otras en su entusiasmo por acercarse a esta celebridad (Lucas 12:1). Había más gente disputando por una posición que por las rebajas de la tienda Best Buy en el Viernes Negro.

Los discípulos se sentían entusiasmados. ¡Eufóricos! Tenían la seguridad de que Jesús estaba ganando el apoyo que necesitaban para llevar a cabo con éxito una revolución. Si fueran a derrocar a los romanos, necesitarían el apoyo público. Un golpe de estado dependía de ello.

Jesús sabía que los discípulos tenían puesta su confianza en el lugar equivocado. También sabía que los líderes religiosos judíos ya estaban conspirando secretamente contra él. No pasaría mucho tiempo antes de que Jesús fuera condenado a muerte y todos sus seguidores se enfrentaran a una terrible persecución. El club de seguidores desaparecería.

Era hora de poner los pies en la tierra. Hora de hacer estallar la frágil burbuja de confianza que tenía a sus discípulos flotando en el séptimo cielo. Los muchachos probablemente seguían aplaudiendo y chocando los cinco a causa del tamaño de la multitud cuando Jesús pronunció esta sombría advertencia:

> Tengan cuidado con la gente; los entregarán a los tribunales y los azotarán en las sinagogas. Por mi causa los llevarán ante gobernadores y reyes para dar testimonio a ellos y a los gentiles. [...] El hermano entregará a la muerte al hermano, y el padre al hijo. Los hijos se rebelarán contra sus padres y harán que los maten. Por causa de mi nombre todo el mundo los odiará, pero el que se mantenga firme hasta el fin será salvo. (Mateo 10:17-18, 21-22)

Sospecho que en este punto los discípulos se miraron unos a otros con una expresión inquisitiva. Ellos no tenían idea de lo que Jesús estaba hablando. ¿Por qué estaba siendo tan pesimista? Naturalmente, se encontrarían con alguna resistencia de los romanos. No esperaban menos. Sí, las cosas podían ponerse difíciles. Sin embargo, la popularidad de Jesús con las muchedumbres prácticamente garantizaba el éxito. Había pocas razones para temer.

La seguridad de Pedro probablemente permaneció inquebrantable ante la terrible predicción de Cristo. Es posible que haya pensado: *adelante. Estoy listo para luchar. ¡No tengo miedo!* Pedro no podría haberse imaginado que solo meses después, cuando la multitud se volviera, tendría tanto miedo que negaría incluso conocer al hombre que creía que era el Mesías de Israel.

Jesús miró tiernamente a sus amigos.

Jacobo, hijo de Zebedeo, sería el primer discípulo en morir como mártir, decapitado por el delito de seguir a Cristo. El otro Jacobo, hijo de Alfeo, fue apedreado hasta morir. Bartolomé sería desollado vivo con un cuchillo. Andrés moriría atado a una cruz en forma de X. Mateo sería atravesado con una lanza. Tomás sería asesinado. Juan sería exiliado. Felipe soportaría la muerte más tortuosa, colgando de sus tobillos como un cadáver con ganchos de hierro. Pedro también sería martirizado bocabajo, considerándose indigno de ser crucificado en la misma posición que su Señor.

Cristo sabía lo que venía. Sabía que sus discípulos necesitarían una confianza fuerte para mantenerse valientes hasta el final. También sabía que la única manera de obtener la verdadera confianza era a través de la clase correcta de temor. Ellos necesitaban poner el temor en su lugar. Para tener una fuerte confianza, debían temerle a Dios más que a todo lo demás.

Jesús continuó su emotiva súplica:

No hay nada encubierto que no llegue a revelarse, ni nada escondido que no llegue a conocerse. [...] A ustedes, mis amigos, les digo que no teman a los que matan el cuerpo, pero después no pueden hacer más. Les voy a enseñar más bien a quién deben temer: teman al que, después de dar muerte, tiene poder para echarlos al infierno. Sí, les aseguro que a él deben temerle. ¿No se venden cinco gorriones por dos monedistas? Sin embargo, Dios no se olvida de ninguno de ellos. Así mismo sucede con ustedes:

aun los cabellos de su cabeza están contados. No tengan miedo; ustedes valen más que muchos gorriones. (Lucas 12:2, 4-7)

Cuando Jesús dijo: «No hay nada encubierto que no llegue a revelarse, ni nada escondido que no llegue a conocerse», estaba citando un refrán que significaba «la verdad triunfará».[14] Conocer la persecución extrema que sufrirían sus amigos y las muertes tortuosas que padecerían, sin duda le añadió más urgencia al mensaje.

La verdad triunfará... al final.

Me imagino que los discípulos dejaron de hablar y prestaron atención cuando notaron la mirada seria en el rostro de Jesús. Es evidente que tanto Mateo como Lucas estaban lo suficientemente impresionados como para recordar y registrar sus palabras. En ese momento, la amonestación de Cristo pudo haber sonado como otra paradoja, un concepto que en la superficie es contradictorio y no parece tener mucho sentido.

No les teman a los hombres.

No le teman a la persecución.

No le teman a la muerte.

Teman a Dios.

Témanle al poder de Dios.

Teman a la autoridad de Dios.

No teman, él los ama.

No teman.

¡Tengan temor!

¡No teman!

Más tarde, al enfrentar la persecución y la muerte, todo cobró perfecto sentido. El temor de los discípulos a lo que podía hacerles el hombre fue eclipsado por un temor más poderoso, magnífico y tranquilizador. El gran temor se engulló a los demás temores y les infundió coraje y fuerza. El temor a Dios que ellos sentían era grande, por lo que su temor al hombre se volvió pequeño.

Temer al Señor significa poner mi confianza en Dios en lugar de en mi capacidad para asegurar un resultado deseado. Con Dios como mi confianza, el resultado final está garantizado. Incluso si tuviera que soportar el peor escenario terrenal, en realidad *no* sería el peor escenario posible. Puedo estar segura de que al final, la verdad triunfará. Aquel que me ama tanto que cuenta los cabellos de mi cabeza me salvará. No debo tener miedo. Finalmente, seré justificada y prevaleceré de la única manera que importa.

EL TEMOR ES PARA LOS AMIGOS

La idea central de la Biblia es enseñarnos a temer al Señor con reverencia. Según los términos del antiguo pacto, Dios prometió bendecir a aquellos que se acercaran a él con temor reverente. De hecho, su bendición *dependía* del temor de ellos. Dios dijo: «Mi pacto con él era de vida y paz, y se las di; era también de temor, y él me temió, y mostró ante mí profunda reverencia» (Malaquías 2:5).

«Él» en este versículo se refiere a Leví, el antepasado judío que constituye la raíz del sacerdocio levítico. Debido a que Leví cumplió su parte del trato al temerle a Dios, Dios cumplió la suya al bendecirlo con vida y paz.

Se suponía que la ley y el sistema de sacrificios debían despertar el temor correcto en los corazones del pueblo. El temor era el ingrediente necesario. Ellos necesitaban ver a Dios con claridad y responderle de la manera apropiada para mantener una relación de amor con él. La relación era el objetivo del juego. En última instancia, de eso se trata el temor del Señor.

Algunas personas bajo el antiguo pacto le temían a Dios con un temor verdadero, pero muchos le temían de una manera irreverente. No estaban asombrados de Dios, ni mostraban una obediencia amorosa, devoción, adoración y confianza. En lugar de procurar el temor como fundamento de una relación con él, lo reducían a un conjunto de reglas religiosas.

El Señor se lamentó: «Este pueblo me alaba con la boca y me honra con los labios, pero su corazón está lejos de mí. Su adoración no es más que un mandato enseñado por hombres» (Isaías 29:13).

Dios prometió iniciar un pacto nuevo y eterno que produciría un resultado mucho, pero mucho mejor. También sería un pacto de temor. Sin embargo, en lugar de confiar en el esfuerzo humano para cumplir el requisito, Dios lo cumpliría. Él mismo pondría el temor correcto en nuestros corazones:

> Ellos serán mi pueblo, y yo seré su Dios. Haré que haya coheren-
> cia entre su pensamiento y su conducta, a fin de que siempre me
> teman, para su propio bien y el de sus hijos. Haré con ellos un
> pacto eterno: Nunca dejaré de estar con ellos para mostrarles mi
> favor; pondré mi temor en sus corazones, y así no se apartarán
> de mí. (Jeremías 32:38-40)

¿Cómo hizo Dios esto? Por medio de Jesús, aquel que personi-
ficó lo que significaba estar lleno del «espíritu de conocimiento y de temor del Señor» (Isaías 11:2).

En caso de que te lo estés preguntando, este espíritu es el Espíritu Santo de Dios. Durante el tiempo en que Jesús caminó por la tierra, este espíritu de temor del Señor reposaba en Jesús y lo inspiró a demostrar un perfecto asombro, obediencia, devoción, adoración y confianza hacia su Padre celestial. Jesús, «en los días de su carne, ofreciendo ruegos y súplicas [...] fue oído a causa de su temor reverente» (Hebreos 5:7, RVR1960).

Aún más sorprendente que la reverencia de Cristo hacia su Padre es el hecho de que el mismo Espíritu que reposó en Jesús ahora reposa sobre nosotros. Todos los que entran en el pacto de la gracia de Dios tienen el temor de Dios estampado en sus corazones por medio del Espíritu Santo.

La hermosa joya del temor de Dios no es algo que debemos fabricar por nuestra cuenta. Es un regalo totalmente sobrenatural. Y se convierte en la posesión preciada de todos los que establecen una relación con Dios a través de Jesucristo.

Si crees en Jesús, el Espíritu del temor del Señor está en tu corazón. Este Espíritu te libra de la esclavitud a otros temores. El temor correcto te libra del temor incorrecto. El temor reverente calma el temor aprensivo. «Pues ustedes no han recibido un espíritu de esclavitud para volver otra vez al temor, sino que han recibido un espíritu de adopción como hijos, por el cual clamamos: "¡Abba, Padre!"» (Romanos 8:15, NBLA).

La doctrina del temor no es una teoría irreal, aburrida o irrelevante. Esta te ofrece una esperanza real, práctica y sensata, y te ayuda en tu batalla contra la preocupación, la duda y la inseguridad. La fantástica noticia es que Dios ya te ha dado todo lo que necesitas para obtener la victoria. Si crees en Jesús, el Espíritu del temor del Señor ya vive dentro de ti.

La sabiduría popular dice que la manera de adquirir confianza es teniendo una visión mayor de una misma. La Biblia transforma esta estrategia. Enseña que lo que necesitamos no es una visión mayor de nosotras mismas, sino una visión mayor de Dios. ¡No necesitamos menos temor, necesitamos más! Si queremos tener más confianza, necesitamos tomarnos en serio el proceso de ocuparnos de nuestra salvación con temor y temblor. Debemos abrazar el asombro, la obediencia, la devoción, la adoración y la seguridad.

¿Cómo obtenemos más del verdadero temor y más de la verdadera confianza? La Biblia también nos brinda la respuesta a esto. Pidan. Busquen. Llamen.

Así que yo les digo: Pidan, y se les dará; busquen, y encontrarán; llamen, y se les abrirá la puerta. Porque todo el que pide recibe; el que busca encuentra; y al que llama, se le abre. ¿Quién de ustedes que sea padre, si su hijo le pide un pescado, le dará en cambio una serpiente? ¿O, si le pide un huevo, le dará un escorpión? Pues, si ustedes, aun siendo malos, saben dar cosas buenas a sus hijos, ¡cuánto más el Padre celestial dará el Espíritu Santo a quienes se lo pidan! (Lucas 11:9-13)

Cuando pedimos, buscamos y llamamos, nuestro Padre celestial de seguro responderá. Nos llenará y empoderará con el Espíritu de temor que nos da una confianza segura.

5

EL FUNDAMENTO DE LA CONFIANZA

> Oh, cuán grande paz y quietud poseerá el que deseche
> toda vana ansiedad y ponga toda su confianza en Dios.
>
> —Thomas à Kempis

Si estás buscando incrementar tu confianza, te sobrarán los consejos. Internet ofrece libros, talleres y cursos de capacitación por parte de toda clase de expertos en autoayuda, los cuales prometen ayudarte a superar tus miedos. Y desde que Sheryl Sandberg sacudió el mundo corporativo con su declaración de que el miedo y la duda constituyen la esencia de lo que impide que las mujeres tengan éxito, un nuevo tipo de experto en autoayuda ha comenzado a dominar el campo: el gurú de la confianza feminista.

La instrucción sobre la confianza es la última tendencia feminista, y las mujeres la están aceptando con entusiasmo. Una proveedora popular es Kasia Urbaniak, una antigua dominatriz que se convirtió en entrenadora del empoderamiento femenino. Con sede en Nueva York, Kasia es la fundadora y directora de The

Academy, «una escuela secreta que enseña a las mujeres a encarnar plenamente su confianza y poder».[1]

Kasia les promete a las estudiantes que pueden librarse de los años que han estado condicionadas a ser chicas buenas, que pueden caminar en poder y obtener la confianza interna de la que siempre han carecido.[2] Ella les da el crédito a sus años como una dominatriz —una mujer a la que se le paga para desempeñar el papel dominante en las prácticas sexuales del BDSM— por haberle enseñado sobre la confianza y la dinámica del poder.[3] Kasia afirma que la clave de la confianza de una mujer radica en que el deseo femenino suprimido se dé permiso a sí mismo para ser escuchado. Su fórmula de la confianza es que las mujeres necesitan dejar de ser la «chica buena» y convertirse más en la «chica mala» con el fin de exigir lo que quieren.[4] Las mujeres necesitan conectarse con sus deseos profundos «con total celebración personal y sin atacarse a sí mismas».[5]

Otra gurú es Mama Gena, que dirige The School of Womanly Arts [Escuela de Artes Femeninas]. Su minicurso de cinco días sobre el amor propio promete despertar «tu más confiado y radiante ser interior».[6] Su solución a la falta de confianza de las mujeres es que necesitamos acceder a la verdad femenina y al profundo poder que llevamos dentro, y aprender a confiar en nosotras mismas de una manera nueva y audaz.

Si asistir a seminarios o cursos universitarios sobre la confianza no es suficiente, puedes obtener instrucción individualizada de parte de una entrenadora personal de confianza. Las entrenadoras de confianza han aparecido en Internet más rápido de lo que salen los topos de los hoyos para ser aplastados en el conocido juego de feria.

Estas entrenadoras prometen ayudarte a edificar tu confianza. Por solo noventa y nueve dólares la sesión (en el extremo asequible), una experta en confianza trabajará contigo para superar todos tus miedos e inseguridades personales. Te hará experimentar una vida transformada y de libre expresión antes de que puedas decir: «¡Oye, mírame! ¡Soy una mujer segura de sí misma!».

Las promesas son numerosas.

- Descubre tu verdadero yo.
- Enamórate de ti misma.
- Celébrate.
- Confía en ti misma.
- Supera tus miedos y limitaciones.
- Sé más. Haz más. Ten más.
- ¡Vive una vida FABULOSA y plena! (*FABULOSA* con letra mayúscula, por supuesto).

Como si esto fuera poco, después de haber bombeado un poco de aire en tus propios neumáticos, serás capaz de poner tu nueva experiencia a buen uso ayudando a los demás. Por tan solo $139,99 tú también puedes convertirte en una entrenadora de confianza certificada.

Toda la industria de la confianza sería risible si esto no fuera tan lamentable. Es muy triste que tantas mujeres estén plagadas de dudas paralizantes, inseguridades y miedos. No obstante, es igualmente triste que la cura que promueven los gurús de la confianza simplemente perpetúe el problema. Las mujeres se han creído la prescripción de la autoconfianza feminista durante décadas. Ahora, se nos promete que nuestros problemas de confianza se resolverán aumentando la dosis de esta conocida píldora azul.

Es como si el curandero le dijera a una paciente que sufre los efectos secundarios del aceite de serpiente que solo necesita duplicar su ingesta.

El mensaje general de la industria de la confianza es que las mujeres necesitan aprender a amarse y a confiar más en sí mismas. Por supuesto, cuando lo piensas, esta solución no es realmente una solución. Porque si una mujer no logra hacer un progreso significativo contra la inseguridad, eso solo le da más razón para sentirse insegura. Su falta de confianza es simplemente otra señal de su incompetencia.

Las mujeres de esta generación fueron instruidas en el arte de la autoafirmación. Hemos sido criadas para abrazar el mantra: solo ama y confía más en ti misma. Sin embargo, extrañamente, esto solo ha resultado en una falsa bravuconada. Podemos parecer confiadas: resueltas, seguras, imponentes o incluso atrevidas, descaradas y agresivas. No obstante, detrás de la fachada, es solo una actuación. Nuestra confianza es efímera. La mayoría de las veces es falsa, una actuación bien ejecutada destinada a enmascarar los miedos subyacentes que corroen nuestras almas.

Si te falta confianza, decirte a ti misma que debes tener más confianza no funcionará. Si careces de autoestima, decirte a ti misma que debes tener más autoestima no funcionará. Si estás llena de desprecio por tu persona, decirte a ti misma que te ames más no funcionará. Darte una charla motivadora no es una solución duradera. Lo que realmente necesitas es dejar de depender de ti misma, o de otras personas o cosas, para adquirir confianza. Dios te invita a acudir a una fuente infinitamente mayor, más poderosa y más confiable.

LA PÍLDORA ROJA VERSUS LA PÍLDORA AZUL

La Escritura insiste en que para un creyente, la confianza fluye de una fuente completamente diferente a la del tipo de confianza que el mundo promueve. La confianza cristiana implica tener fe en el carácter de Dios, el poder de Dios y las promesas de Dios en lugar de en la capacidad o los logros humanos. Depende de lo que Dios ha hecho y puede hacer, no de lo que nosotras hayamos hecho o podamos hacer.

La confianza se trata de seguridad. Como tal, es prácticamente indivisible de la fe, las convicciones, la esperanza y la certeza. De hecho, la confianza es la esencia misma de la fe. «La fe *es* la garantía», declaró el autor de Hebreos. «La garantía de lo que se espera, la certeza de lo que no se ve» (Hebreos 11:1, énfasis añadido). La fe significa poner nuestra confianza en Dios por medio de Jesucristo y creer en sus promesas, aunque esas promesas aún no se hayan cumplido plenamente y aunque todavía no lo hayamos visto cara a cara.

La confianza cristiana implica estar convencida de que Dios es quien dice ser y que él hará lo que prometió. Es tener una fe firme en el Señor. *Él* es el objeto de nuestra seguridad. *Él* es nuestra confianza. Por lo tanto, el fundamento de una confianza fuerte es una visión precisa de Dios.

Resulta importante que recordemos que nuestra batalla por la confianza no se trata simplemente de nuestra aprensión a ser juzgadas o despreciadas. Nuestra batalla por la confianza tiene lugar en un escenario cósmico mucho más grande. Es una subclase de la batalla entre la verdad y la mentira, lo bueno y lo malo, el bien y el mal.

Hay dos fuerzas poderosas que luchan por nuestra confianza: Dios y Satanás.

Dios quiere nuestra confianza. Es merecedor de nuestra confianza. Es digno de nuestra confianza. Sin embargo, el archienemigo de Dios, Satanás, quiere engañarnos para que confiemos en todo menos en Dios. Satanás es el gran estafador. La razón por la que el pecado existe en nuestro mundo es porque él engañó a la humanidad y ganó el juego de la confianza. Su estrategia no ha cambiado. Él convenció a Eva para que dudara de Dios y pusiera su fe en todas las cosas equivocadas. Y quiere que nosotras caigamos en la misma trampa.

Satanás vende la duda para poder vender la confianza. Promueve el temor, la incertidumbre, la inseguridad, la ansiedad y la desesperación. Luego, promueve una confianza frágil y necia para abordar esta herida del alma.

Es como el estafador que te vende una bicicleta barata con ruedas pinchadas y luego envía a su socio a tu puerta al día siguiente para venderte un inflador. Al mismo tiempo, este maestro engañador lleva a cabo una implacable campaña difamatoria de noticias y publicidad falsas para socavar tu confianza en el producto de la competencia.

Una de las partes más famosas de la película de ciencia ficción *Matrix* es la icónica escena de la píldora roja o la píldora azul. Si el protagonista toma la píldora roja, se escapará del mundo falso, generado por las computadoras de Matrix. Será liberado de la fantasía engañosa y podrá ver la realidad por lo que es. Si toma la píldora azul, permanecerá bajo el hechizo de la realidad virtual.

El estado de tu confianza depende de la píldora que ingieras. Si tomas la píldora azul de Satanás, tu confianza se basará en una matriz de engaño. La Biblia insiste en que solo cuando confiamos en Dios tendremos una confianza fuerte y sabia. Confiar en cualquier otra cosa nos coloca en un mundo de fantasía donde nuestra seguridad no es más que una frágil ilusión.

UNA DOSIS DE REALIDAD

La Biblia contiene numerosos ejemplos de personas que aprendieron a rechazar la píldora de la confianza engañosa. Moisés es el protagonista de una de las historias más dramáticas. Una vez fue uno de los que eligió la píldora azul. Aunque eso no quiere decir que era alguien común y corriente. Él tenía mucho más a su favor que la mayoría. Aunque nació de una esclava hebrea, fue adoptado por una princesa egipcia. Por lo tanto, fue criado en el palacio entre la élite como nieto del faraón. Moisés creció lleno de riquezas, poder y privilegios. La Biblia nos dice que «fue instruido en toda la sabiduría de los egipcios, y era poderoso en palabra y en obra» (Hechos 7:22).

Moisés era un comandante militar respetado y dotado. Era inteligente. Capaz. Y probablemente también de buen parecer. Tenía confianza. Estilo. Los teólogos sugieren que su madre de la realeza propuso hacerlo corregente y sucesor de la corona, o que asumiera otro puesto de poder en Egipto. No obstante, había un problema.

A lo largo de los años, mientras Moisés observaba el trato brutal de los egipcios hacia los hebreos esclavizados, se volvió cada vez más comprensivo de la difícil situación que ellos atravesaban. Sí, había sido criado como egipcio, pero la sangre hebrea fluía por sus venas. El vigoroso Moisés se convirtió en un defensor vocal de los esclavos. Esto creó un conflicto en el palacio y especialmente con su mamá. Tanto es así que finalmente el asunto llegó a un punto crítico. Moisés «renunció a ser llamado hijo de la hija del faraón» (Hebreos 11:24).

Él quería aprovechar su poder y su posición para mejorar la difícil situación de los esclavos. Tal vez podría convencer a los egipcios para que los trataran mejor. O quizás podría reunir a los hebreos y liderar una revuelta. Moisés pensó precipitadamente que podía liberar a su pueblo, el pueblo de Dios, con sus propias fuerzas y en su propio tiempo. Pero entonces algo sucedió que quebrantó totalmente su confianza.

Un día, cuando ya Moisés era mayor de edad, fue a ver a sus hermanos de sangre y pudo observar sus penurias. De pronto, vio que un egipcio golpeaba a uno de sus hermanos, es decir, a un hebreo. Miró entonces a uno y otro lado y, al no ver a nadie, mató al egipcio y lo escondió en la arena. Al día siguiente volvió a salir y, al ver que dos hebreos peleaban entre sí, le preguntó al culpable:

—¿Por qué golpeas a tu compañero?

—¿Y quién te nombró a ti gobernante y juez sobre nosotros? —respondió aquel—. ¿Acaso piensas matarme a mí, como mataste al egipcio?

Esto le causó temor a Moisés, pues pensó: «¡Ya se supo lo que hice!» Y, en efecto, el faraón se enteró de lo sucedido y trató de matar a Moisés; pero Moisés huyó del faraón y se fue a la tierra de Madián. (Éxodo 2:11-15)

Moisés estaba anonadado. Los hebreos no lo veían como un salvador potencial, sino con desprecio. Él se jugó la vida por ellos —arriesgó todo—, sin embargo, lo rechazaron. Además, el crimen lo puso más allá del punto de retorno con respecto a su familia egipcia adoptiva. Como era de esperar, el faraón, su abuelo, emitió un decreto imperial para matarlo. Moisés no podía regresar al palacio. Se quedó sin hogar. Los hebreos no lo querían. Los egipcios deseaban matarlo. En un instante, todas sus riquezas, privilegios, poder, posición —todo en lo que depositó su identidad y su confianza— habían desaparecido.

La Biblia retoma la historia cuarenta años después. La vida de Moisés ha resultado muy diferente de lo que él esperaba. Ya es un anciano de ochenta años. Y todo lo que ha hecho durante los últimos 14.600 días (más o menos) es cuidar ovejas. Moisés es una sombra de lo que era. Y no es de extrañar. Los pastores representaban lo más bajo de lo bajo. El Moisés joven, confiado y dispuesto a ganar en todo no era más que un recuerdo distante y desvanecido.

Él se había convertido en un viejo arrugado, temeroso, inseguro y lleno de dudas.

Esa era la situación cuando Dios le habló a Moisés desde la zarza ardiente, ordenándole que regresara a Egipto para librar a los hebreos de la esclavitud. Moisés se mostró reacio a obedecer. Le dijo a Dios: «¿Y quién soy yo para presentarme ante el faraón y sacar de Egipto a los israelitas?» (Éxodo 3:11). De hecho, se le ocurrieron múltiples razones por las que no era la persona adecuada para el trabajo.

Lo interesante del relato es que Dios no hizo que Moisés participara en una sesión de entrenamiento para darle una inyección de energía o afirmarle: «Yo sé que puedes hacerlo». Tampoco enumeró todas las credenciales y logros pasados de Moisés. De hecho, hizo todo lo contrario. Reprendió a Moisés por poner su confianza en su propia capacidad.

Moisés carecía de confianza porque estaba centrado en su propia ineptitud. Dios quería reorientar su perspectiva. Quería que Moisés se enfocara en la capacidad de Dios en lugar de en su propia incapacidad. Cada vez que Moisés presentaba una objeción basada en una falta de habilidad personal o en el temor, Dios lo contrarrestaba con la verdad sobre su propia naturaleza y carácter. Era esta verdad la que edificaría la confianza de Moisés. Moisés no necesitaba una visión nueva o mayor de sí mismo. Necesitaba una visión nueva y mayor de Dios.

Primero, Moisés objetó que los israelitas cuestionarían si realmente se había encontrado con Dios. En respuesta a esta objeción, Dios le reveló más de sí mismo a Moisés. Le dijo su nombre santo y conmemorativo: Yahvé, el gran Yo Soy. Él es Dios. Es todo lo que dice ser.

Moisés podía confiar en que Dios «es». Podía confiar en la persona de Dios.

Segundo, Moisés objetó que los egipcios no lo aceptarían como el portavoz de Dios. «¿Y qué hago si no me creen ni me hacen caso? ¿Qué hago si me dicen: "El Señor no se te ha aparecido"?» (Éxodo 4:1). En respuesta a esto, Dios le dio a Moisés una señal: la vara de Moisés se convirtió en una serpiente y luego se volvió a convertir en una vara. Su mano fue cubierta de lepra y luego sanada.

Moisés podía confiar en que Dios era capaz. Podía confiar en el poder de Dios.

Luego, Moisés objetó que no era bueno con las palabras. Era «tardo en el habla y torpe de lengua» (Éxodo 4:10, RVR1960). Algunos teólogos sugieren que Moisés tenía un trastorno del habla. Tal vez tenía un tartamudeo. Según una tradición judía, Moisés tenía dificultades para pronunciar los labiales *b, v, m, f, p*.[7] Otros académicos sugieren que Moisés estaba preocupado por la comunicación en el idioma egipcio, que no había practicado durante décadas. Otros especulan que se sentía intimidado con respecto a hablar en público.

No está del todo claro lo que Moisés quiso decir cuando objetó ser tardo en el habla y torpe de lengua. Sin embargo, es obvio que él carecía de la confianza necesaria para hacer el trabajo. Simplemente no creía que podía hacerlo.

¿Cómo respondió Dios a la queja de este pastor del desierto? Le recordó que él fue quien creó la boca de Moisés. Por lo tanto, su boca le pertenecía a Dios: «¿Y quién le puso la boca al hombre? —le respondió el Señor—. ¿Acaso no soy yo, el Señor, [...]? Anda, ponte en marcha, que yo te ayudaré a hablar y te diré lo que debas decir» (Éxodo 4:11-12).

Una vez más, el Señor no le dio a Moisés un discurso motivacional. No solucionó el problema del habla de Moisés. Tampoco indicó que con el tiempo mejoraría en cuanto a hablar en público.

En cambio, corrigió su perspectiva equivocada. Esto no era sobre Moisés; ¡era sobre el Señor! La competencia de Moisés no tenía nada que ver con el asunto. No tenía que confiar en su propia capacidad. Tampoco tenía que preocuparse por su incapacidad. Dios estaría con él y lo ayudaría. Todo lo que Moisés tenía que hacer era confiar en Dios.

Moisés podía confiar en que Dios lo ayudaría. Podía confiar en la provisión de Dios.

Aun así, Moisés le rogó a Dios que enviara a alguien más. Dios no estaba complacido con esta falta de confianza. Sin embargo, prometió que Aarón, el hermano mayor de Moisés, lo ayudaría y que Dios les enseñaría a ambos qué decir y hacer (Éxodo 4:15).

Agregar a Aarón en la ecuación no tomó a Dios por sorpresa. Fue su plan desde el principio. Aarón se convirtió en el primer sumo sacerdote de Israel. Él llevaba «continuamente el juicio de los israelitas sobre su corazón delante del SEÑOR» (Éxodo 28:30, NBLA). Según el Nuevo Testamento, Aarón prefiguraba al Mesías. Así como Dios designó a Aarón para ser el primer sumo sacerdote del antiguo pacto, también designó a Jesús para ser el primer (y único) sumo sacerdote del nuevo pacto. Cuando Jesús murió en la cruz por nuestros pecados, llevó nuestro juicio sobre su corazón delante de Dios de una vez para siempre. Por eso podemos acercarnos con confianza a Dios (Hebreos 7).

Moisés y Aarón fueron el equipo que Dios eligió en una historia eterna. Ellos no podían saber el papel que jugarían en su plan general. Simplemente estaban enfocados en su asignación inmediata: librar a los hebreos de la esclavitud y guiarlos a la tierra prometida. No entendían que esta liberación presagiaba el plan de Dios para una liberación aún mayor.

Moisés podía confiar en que Dios los liberaría. Podía confiar en el plan de Dios.

Moisés tenía ochenta años cuando Dios le pidió que fuera su portavoz. En ese momento, él estaba absolutamente aterrorizado de solo pensarlo. Se sentía inseguro, incapacitado e incompetente. Debió haber aprendido una o dos cosas a lo largo del camino, porque cuarenta años después, vemos que Moisés había cambiado de manera radical. El hombre que había estado aterrorizado de abrir la boca se paró con confianza a fin de dirigirse a toda la nación mientras estaban a punto de entrar en la tierra prometida.

La Biblia nos dice que Moisés recitó las palabras de una larga canción de principio a fin. Al final de la canción, Moisés no se detuvo. Su discurso continuó. Una por una bendijo a las tribus. Su oratoria ocupa dos capítulos enteros de Deuteronomio.

El libro concluye con esta evaluación: «Desde entonces no volvió a surgir en Israel otro profeta como Moisés, con quien el Señor tenía trato directo. Solo Moisés hizo todas aquellas señales y prodigios que el Señor le mandó realizar en Egipto ante el faraón, sus funcionarios y todo su país. Nadie ha demostrado jamás tener un poder tan extraordinario, ni ha sido capaz de realizar las proezas que hizo Moisés ante todo Israel» (Deuteronomio 34:10-12).

El Moisés joven y enérgico, confiado y seguro de su propia capacidad, no era el Moisés que Dios quería para la gran tarea. Dios sabía que Moisés era adicto a la píldora azul de la seguridad en sí mismo. Estaba poniendo su confianza en su propia fuerza. Su confianza era una ilusión frágil. Después que todos los accesorios fueron quitados, Moisés estaba listo para la píldora roja. El Moisés temeroso e inseguro estaba listo para aprender que la confianza fuerte se encuentra realmente solo en Dios.

Dios transformó a Moisés de un cobarde fracasado e inseguro en un líder poderoso y elocuente. Cambió la incapacidad de Moisés por capacidad, su debilidad por fortaleza, su inseguridad por una confianza fuerte. Moisés superó su propensión a buscar la píldora azul y aprendió a buscar habitualmente la roja. Lo que Dios hizo por Moisés, también puede hacerlo por ti.

Si eres más como el Moisés descarado y fanfarrón, o como el Moisés temeroso e incompetente, puedes aprender del mismo modo a decirle que no a la clase equivocada de confianza y decirle que sí a la confianza verdadera. Puedes aprender a poner tu confianza en Dios. Recuerda:

- **DIOS ES**. Puedes confiar en su persona.
- **DIOS PUEDE**. Puedes confiar en su poder.
- **DIOS TE AYUDARÁ**. Puedes confiar en su provisión.
- **DIOS TE LIBRARÁ**. Puedes confiar en su plan.

Dios está interesado en edificar tu confianza. Y a diferencia de los conceptos superficiales impulsados por los gurús de la confianza de hoy en día, su tipo de confianza tiene el poder de cambiar drásticamente tu vida.

UNA LECCIÓN DE LA CONFIANZA

Entonces, ¿cómo te ayuda la confianza en Dios cuando te sientes insegura en cuanto a la presentación que tienes que realizar? ¿O estresada por tener demasiadas cosas que hacer? ¿O ansiosa por no poder pagar las cuentas? ¿O perturbada por el conflicto relacional? ¿O asustada por un diagnóstico médico? ¿O llena de pánico por alguna terrible noticia? ¿Cómo puedes responder con fe y no temerosa cuando la vida te golpea con problemas y el futuro parece tan incierto?

Muchas de nosotras vamos por la vida en un estado constante de temor leve. Al igual que un barco que serpentea entre aguas turbulentas, nuestros espíritus son sacudidos por el estrés, las preocupaciones, las dudas y la ansiedad.

Para muchas de nosotras existen decisiones que podemos hacer a fin de ayudar a calmar el caos que gira a nuestro alrededor. Podemos volitivamente eliminar el desorden del momento presente. Sin embargo, ¿qué hay de esas ocasiones en que la vida nos golpea con una ola enorme sobre la cual no podemos hacer nada? Por ejemplo la enfermedad, la muerte, un niño caprichoso, un marido infiel o una relación quebrantada. ¿Cómo podemos tener paz y confianza en esas circunstancias?

Mi barca ha sido golpeada por enormes olas a lo largo de los años. Como cuando mi hijo menor perdió la audición a los dos años. O cuando sufrí un aborto espontáneo de gemelos. O en el momento en que casi perdemos a otro hijo debido a una infección por estafilococos. O en la ocasión en que el negocio de mi marido estuvo en crisis. O cuando el drama legal. O el accidente automovilístico. He sido sacudida por conflictos familiares, conflictos en la iglesia, traiciones y decepciones. Muchas, muchas tormentas han golpeado mi barca.

Sé que también has tenido tormentas significativas en tu vida. Todas podemos identificarnos con Job, quien tambaleándose por haber sido golpeado, se lamentó: «No tengo reposo ni estoy tranquilo, no descanso, sino que me viene turbación» (Job 3:26, NBLA). O con los discípulos en la barca durante esa noche tormentosa, quienes con miedo y pánico gritaron a Jesús con la pregunta: «¡¿No te importa que nos ahoguemos?!».

Los discípulos aprendieron una lección importante aquella noche. Aprendieron que el temor aprensivo es sofocado por el temor reverente. Para enfrentar la tormenta con confianza, tuvieron que obtener una mayor comprensión de quién viajaba en su barca.

He aquí el relato de Marcos sobre lo sucedido:

Ese día al anochecer, les dijo a sus discípulos:

—Crucemos al otro lado.

Dejaron a la multitud y se fueron con él en la barca donde estaba. También lo acompañaban otras barcas. Se desató entonces una fuerte tormenta, y las olas azotaban la barca, tanto que ya comenzaba a inundarse. Jesús, mientras tanto, estaba en la popa, durmiendo sobre un cabezal, así que los discípulos lo despertaron.

—¡Maestro! —gritaron—, ¿no te importa que nos ahoguemos?

Él se levantó, reprendió al viento y ordenó al mar:

—¡Silencio! ¡Cálmate!

El viento se calmó y todo quedó completamente tranquilo.

—¿Por qué tienen tanto miedo? —dijo a sus discípulos—. ¿Todavía no tienen fe?

Ellos estaban espantados y se decían unos a otros:

—¿Quién es este, que hasta el viento y el mar le obedecen? (Marcos 4:35-41)

El mar de Galilea está sujeto a ser golpeado por tormentas repentinas e inesperadas. En este relato, los discípulos entraron en pánico cuando una tormenta particularmente violenta azotó su barca. Ellos tenían miedo de que la tempestad fuera a ahogarlos.

Sin embargo, Jesús los reprendió por su respuesta. Según Jesús, estando él en la barca debieron haber experimentado paz, no pánico, en medio de la tormenta.

¿Por qué los discípulos sintieron pánico en lugar de paz esa noche tormentosa en el mar? Los pensamientos y las actitudes que destruyeron su confianza son los mismos que producen pánico en nuestros espíritus cuando nos enfrentamos a situaciones aterradoras. En definitiva, su temor surgió de su visión equivocada de Cristo y una falta de fe en él. Para adquirir confianza necesitaban una visión más grande y más precisa de Dios. Démosle un vistazo más detenidamente a los tres asesinos de la confianza a los que les cedieron el control y a cómo podemos evitar ir por el mismo camino.

UN TEMOR INFUNDADO: «DIOS NO ES LO SUFICIENTEMENTE GRANDE».

Los discípulos experimentaron dos tipos de temor. Uno estaba mal dirigido, y el otro no. El primer tipo de temor era aprensivo. Tenían miedo de que la tormenta los anegara y se fueran a ahogar. ¡Debió haber sido una gran tormenta para asustarlos! Después de todo, ellos eran pescadores experimentados y estaban acostumbrados a las condiciones en el mar. No obstante, cuando esta tormenta en particular los azotó, incluso esos marineros experimentados entraron en pánico.

Es interesante lo que leemos más adelante en el pasaje. La tormenta se desató y los discípulos tuvieron miedo, pero entonces Jesús calmó la tormenta y el mar se quedó perfectamente quieto. «El viento se calmó y todo quedó completamente tranquilo». ¿Y cómo reaccionaron? ¡Estaban espantados!

Los discípulos tuvieron más temor del poder de Cristo que del poder de la tormenta. El versículo 41 (NBLA) dice que se llenaron de «gran temor». El griego reza *megas phobos*.

¡Megamiedo!

Mega, como sabes, significa «grande». El sistema métrico lo usa como un prefijo para denotar un factor de diez a la sexta potencia, o un millón de veces más. Por ejemplo, un píxel es un pequeño punto de color de una imagen digital; un megapíxel es un millón de puntos. Un vatio es una unidad estándar de potencia; un megavatio equivale a un millón de vatios. Un *byte* es una unidad de información; un *megabyte* equivale a un millón de unidades. Tú entiendes el concepto.

Este pasaje usa mucho la palabra *mega*: hubo una megatormenta de viento. Jesús produjo una megacalma. Los discípulos sintieron un megatemor.

Los discípulos tuvieron miedo de la tormenta. No obstante, lo que sintieron cuando Jesús la calmó fue un millón de veces más intenso: sintieron un megamiedo. Un temor reverencial. Un temor de Dios.

Recuerda que, en su raíz, el miedo es una emoción que se basa en una comparación de fuerza relativa. *El temor es una sensación fuerte o abrumadora de que alguien o algo es mayor que yo y ejerce una fuerza más allá de mi control.*

Cuando experimento el temor aprensivo, tengo miedo debido a que reconozco que aquello a lo que me enfrento podría herirme y es muy probable que lo hará. Ya sea que la tormenta tenga que ver con una relación quebrantada, mi matrimonio, mis hijos, mi familia o mis amigos, o que se relacione con la salud de un ser querido, mis finanzas, presiones en el trabajo, la muerte, el dolor o la pérdida, me doy cuenta de que no soy lo suficientemente grande para manejar la situación.

No tengo los recursos.
No tengo el tiempo.
No tengo la habilidad.
No tengo la capacidad.
No tengo la confianza.

Lo he intentado una y otra vez, pero no puedo evitar que el barco se sacuda. ¡Esta situación se halla fuera de mi control y me está abrumando!

El miedo aprensivo produce pánico y ansiedad. Sin embargo, el miedo reverencial es muy diferente. Es una emoción positiva.

Produce asombro, adoración y justicia. Trae paz y edifica la confianza.

Jesús quería que los discípulos reconocieran que él era más grande y más poderoso que cualquier circunstancia que pudieran enfrentar. Él era un millón de veces mayor que la tormenta que estaba provocando su temor.

Como ves, el temor de los discípulos era infundado. Les temían más a sus circunstancias que a Cristo. Veían sus circunstancias más grandes que él.

Su creencia principal era que *Dios no es lo suficientemente grande*.

¿Alguna vez has pensado eso? ¿Alguna vez has mirado tus circunstancias y pensado: *esto es demasiado grande... ¡incluso para Dios!*?

Él no puede hacer que el amor regrese a *este* matrimonio.

No puede cambiar el corazón de *esa* persona.

No puede traer de vuelta a *ese* niño rebelde.

No puede curar *esta* enfermedad.

No puede restaurar la unidad de *esta* iglesia.

No puede resolver *esta* crisis.

¡Él no es lo suficientemente grande!

Tal vez no lo dirías de esta manera. No obstante, tu ansiedad y falta de paz indican que eso es lo que realmente crees.

Los discípulos durante esa noche tormentosa en la barca pensaron: *Jesús no puede hacer nada con respecto a esta tormenta. Esta circunstancia está fuera de su control.* Pero entonces Jesús se levantó y les mostró que incluso la tormenta más embravecida y feroz no está fuera de su control. Y cuando vieron su poder y su gloria, se aterrorizaron, se postraron sobre sus rostros y se preguntaron unos a otros: «¿Quién es este hombre en nuestra barca? ¡No teníamos idea de que poseía tanto poder!». Los discípulos no lo entendieron. Respetaban a Jesús como un gran maestro, pero para que su confianza aumentara, también necesitaban reverenciarlo como su Dios.

Cuando nuestro temor es infundado, nuestra preocupación principal es estar en paz con nuestras circunstancias. Queremos que la tormenta se calme. No obstante, cuando vemos a Cristo por quién es —el Dios todopoderoso y Rey de gloria— nuestro interés principal es estar en paz con *él*.

Atravesar las circunstancias correctas puede no traer paz. Pero la Escritura enseña que estar bien con Dios te dará paz y confianza: «La obra de la justicia será paz, y el servicio de la justicia, tranquilidad y confianza para siempre» (Isaías 32:17, NBLA).

La verdadera paz no depende de las circunstancias, sino de una persona. Jesús es el Príncipe de paz. Él es nuestra confianza. Es aquel que ordena el caos. Aquel que reconcilia las relaciones entre Dios y el hombre y entre el hombre y el hombre. Es aquel que da descanso, paz, tranquilidad y confianza para siempre.

Jesús dijo: «La paz les dejo, Mi paz les doy; no se la doy a ustedes como el mundo la da. No se turbe su corazón ni tenga miedo» (Juan 14:27, NBLA). El tipo de confianza que Jesús da es diferente a la clase de confianza que brinda el mundo. Esta es una confianza firme y fuerte que te ayudará a atravesar cualquier tormenta.

UNA CONFIANZA INFUNDADA: «DIOS NO ESTÁ LO SUFICIENTEMENTE INTERESADO».

Los discípulos se encontraban en gran peligro. Las olas rompían contra su barca tan severamente que casi se hallaba inundada. Sin duda ellos se estaban esforzando por achicar el agua. Me imagino que estaban sacando agua de la barca tan rápido como podían, con cubetas, botas, cuencos... cualquier cosa que sirviera para extraerla.

Al principio, confiaron en su propia capacidad para evitar que la barca se hundiera. Después de todo, eran pescadores. Sabían cómo responder ante las tormentas en el mar. Imagino que Pedro se puso al mando y gritaba las órdenes: «¡Todos a cubierta! ¡Marcos, por aquí! ¡Mateo, por allá! ¡Achiquen el agua! ¡Achiquen!». Santiago y Juan, «los hijos del trueno», probablemente también estaban haciendo la parte que les correspondía.

El viento rugía. El mar estaba embravecido. La barca se sacudía. Era una situación ruidosa. Caótica. Y durante toda la crisis, Jesús permanecía dormido en la popa.

¿Cómo te sentirías si estuvieras en medio de una crisis y alguien que supuestamente te ama y se halla en la situación contigo permaneciera ajeno a tu dilema?

Cuando estaba con un dolor de parto extremo dando a luz a mi primer hijo —mucho antes de la llegada de la epidural— y mi esposo se sentó en la silla a mi lado, leyendo la sección de deportes del periódico y comiendo una rosquilla, ¡sé cómo me sentí!

Le arranqué el periódico de las manos y le grité: «¡Había esperado que sufrieras conmigo!».

Estaba enojada debido a que yo estaba sufriendo y a él no parecía importarle.

Supongo que la razón por la que los discípulos despertaron a Cristo fue porque sintieron lo mismo. Estaban molestos porque él dormía pacíficamente y no los ayudaba a achicar el agua. Querían que sintiera el mismo tipo de pánico que ellos sentían.

Le reclamaron: «¿No te importa si nos ahogamos? ¿No ves que estamos en una crisis? ¿Por qué estás durmiendo? ¿No te sientes ni siquiera un poco preocupado por nuestra situación?».

Ellos pensaban que Jesús no estaba lo suficientemente interesado.

¿Y cuán a menudo pensamos lo mismo? Podemos creer que Dios es lo suficientemente grande, pero nos preguntamos si está interesado en nosotras lo suficiente para ayudarnos.

Ah, él está interesado en el pastor, o en los misioneros, o en nuestra amiga del final de la calle. ¿Pero está realmente interesado en mí?, nos preguntamos. Concluimos que nos corresponde a nosotras cuidar del número uno. Por lo tanto, confiamos en nuestras propias habilidades y competencias antes de pedirle a él que intervenga.

Yo me encargo. No hay necesidad de molestar a Jesús.

Si alguien les hubiera preguntado a los discípulos mientras subían a sus barcas aquel día si confiaban en Jesús, ¡sin duda habrían respondido con un sí rotundo! Sin embargo, la tormenta reveló la verdad.

Las tormentas tienen la capacidad de hacer eso.

La crisis reveló que ellos dependían de sí mismos más que de Cristo. Reveló que su confianza era necia y débil.

Cuando nuestra confianza es infundada, nuestra principal preocupación es obtener el control sobre la situación. Sin embargo, cuando nuestra confianza está centrada en Cristo, nuestro interés principal es cederle el control a aquel que verdaderamente lo controla todo.

Por eso Filipenses 4:6-7 nos instruye: «No se inquieten por nada; más bien, en toda ocasión, con oración y ruego, presenten sus peticiones a Dios y denle gracias. Y la paz de Dios, que sobrepasa todo entendimiento, cuidará sus corazones y sus pensamientos en Cristo Jesús».

¡No te inquietes por nada!

Pienso en la larga lista de cosas que me preocupan hoy: cumplir con mi plazo. La elección. El COVID-19. Que mi marido pierda su empleo. Nuestras finanzas. El daño causado por el agua que debe repararse. La salud de mis padres. Los desafíos que enfrentan mis hijos y nietos. La larga lista de tareas pendientes que exceden mi capacidad.

No te inquietes por nada.

¿Cómo es eso posible?

El versículo no nos deja sin respuesta, sino que instruye: *en toda ocasión, con oración y ruego, presenten sus peticiones a Dios.*

En toda ocasión.

La fecha límite. La elección. La salud de mis padres. La renovación. El COVID-19. Mi lista de tareas.

En toda ocasión.

La actitud de los discípulos de no molestar a Jesús y encargarse ellos mismos del asunto indicó que realmente no lo conocían.

Él *está* interesado.

A él *sí* le importa.

Jesús quiere que llevemos ante él todos nuestros temores y preocupaciones. Incluso los más pequeños y en apariencia más insignificantes. Otro versículo lo expresa de este modo: «Depositen en él toda ansiedad, porque él cuida de ustedes» (1 Pedro 5:7).

Ahí aparece otra vez. Otra declaración amplia y abarcadora. *Toda* ansiedad. ¡En toda ocasión!

¿Crees que esa tormenta tomó por sorpresa a Jesús? No. Él planeó usarla como una lección de entrenamiento, una lección de confianza, por así decirlo. La tormenta expuso en qué estaban depositando su confianza los discípulos. Reveló que la fuente de su confianza era frágil e inadecuada. Lo más importante es que, los desafió a poner su confianza en algo infinitamente mayor y más confiable: ¡Jesús!

Dios es tu ayudador, incluso en la parte más profunda, oscura y desagradable del caos. Él está allí aun cuando dudas de su presencia. Él promete no abandonarte a través de la prueba: «Pero ahora, así dice el Señor, el que te creó, [...]. "No temas, que yo te he redimido; te he llamado por tu nombre; tú eres mío. Cuando cruces las aguas, yo estaré contigo; cuando cruces los ríos, no te cubrirán sus aguas; cuando camines por el fuego, no te quemarás ni te abrasarán las llamas. Yo soy el Señor, tu Dios"» (Isaías 43:1-3).

Mis ojos se llenan de lágrimas cuando pienso en mis amigas que actualmente están siendo sacudidas por megatormentas. Nanette, cuyo hijo, nuera y únicos dos nietos murieron en un terrible accidente automovilístico en África. Kimberly, cuyo esposo ha estado sufriendo con un dolor neurológico insoportable e implacable, y que recientemente fue sacudida por otras crisis adicionales que se suman a su dolor, decepción y sufrimiento. Nancy, que se casó con un hombre cuya esposa murió de cáncer y ahora se enfrenta a la posibilidad de perderlo a raíz de la misma enfermedad. Jen, que está lidiando con las consecuencias del abuso. Susan, cuyo hijo acaba de ser diagnosticado con autismo. Deb, cuyo marido la dejó después de treinta años de matrimonio. Y podría continuar.

Las tormentas son feroces e implacables.

Ninguna de mis amigas miraría la magnitud de sus problemas y afirmaría tener lo que se necesita. No lo tienen. Solo Dios tiene el poder para calmar la tormenta y llevarlas al otro lado. Aferrarse a esa promesa a través de la fe no siempre es fácil, pero podemos estar seguras de que él nos librará. «Muchas son las angustias del justo, pero el Señor lo librará de todas ellas» (Salmos 34:19).

El Señor está interesado en cada preocupación que sientes y en cada crisis que enfrentas. Cuando esas olas golpean tu barca, tienes una elección que hacer. Puedes reaccionar con pánico y tratar de lidiar con la situación tú misma, o puedes recurrir al Príncipe de paz, cederle el control y confiar en él para cruzar hasta el otro lado.

UNA EXPECTATIVA INFUNDADA: «DIOS NO ES LO SUFICIENTEMENTE BUENO».

Los discípulos tenían ciertas expectativas en cuanto a Jesús durante esa tormenta en el mar. Al menos, querían que demostrara algo de sobresalto y preocupación. Quizás esperaban que ayudara a sacar el agua. O tal vez tenían la esperanza de que multiplicara las cubetas de la manera en que había multiplicado los panes para la multitud en la colina. A lo mejor esperaban que estabilizara sobrenaturalmente la barca que no cesaba de sacudirse, de modo que pudieran remar hasta la orilla.

No está claro lo que los discípulos imaginaban. Pero sí queda claro que la respuesta de Cristo los tomó totalmente desprevenidos. Él no hizo lo que ellos esperaban.

Dios no es un genio personal para actuar a nuestra entera disposición. Siempre que esperamos que Dios cumpla con nuestra agenda —siempre que esperamos que él haga lo que queremos, cuando queremos y como lo queremos— nuestra expectativa está fuera de lugar.

Cuando nuestras expectativas son infundadas, nuestro interés principal es encontrar una solución positiva a corto plazo para enfrentar la situación. Demasiado a menudo colocamos con desesperación algunas monedas de oración en la máquina dispensadora celestial y pulsamos frenéticamente el botón para indicar lo que deseamos de Jesús. Queremos que salve la relación, que sane la enfermedad, que resuelva el conflicto, que alivie el dolor o que restaure lo perdido. Queremos evitar la crisis. ¡Y lo queremos *ahora*!

Entonces experimentamos decepción, desilusión y desesperación cuando Dios no obra de la manera que deseamos. Y empezamos a cuestionar su bondad.

Sé que Dios es lo suficientemente grande, y me dice que se interesa por mí, así que supongo que no es lo suficientemente bueno. ¡Le gusta verme sufrir! Retiene lo que puede darme conforme a su poder. ¿Por qué?

¿Alguna vez te has hecho esa pregunta?

Hace años, un amigo cercano nuestro, Rusty, fue diagnosticado con cáncer. Tenía un tumor del tamaño de una salchicha detrás de su estómago. El cáncer se había propagado a sus ganglios linfáticos. El pronóstico no era bueno.

En ese momento, Rusty era un padre joven con tres niños de edad preescolar. Él había crecido sin un padre (su papá había muerto cuando era joven). Que sus hijos crecieran sin su padre era uno de los mayores temores de Rusty.

¡Vaya! ¡Qué tormenta!

Comenzamos a orar y apelar a la misericordia de Dios, rogándole que sanara a Rusty. Los cirujanos extirparon el tumor tanto como pudieron. Luego, Rusty comenzó el proceso de quimio y radiación.

Continuamos orando y apelando a la misericordia de Dios, pidiéndole que sanara a nuestro amigo. Después del primer tratamiento de quimioterapia, Rusty comenzó a sentir que Dios lo había sanado. Lo sabía en su espíritu. Sin embargo, continuó el tratamiento prescrito. Por supuesto, en la cuarta sesión de quimio, el oncólogo le informó: «No hemos podido encontrar ningún rastro de cáncer las últimas tres veces que has venido».

No quedaba rastro del tumor. No se encontró ningún marcador de cáncer en sus análisis de sangre. No había cáncer cuando analizaron sus ganglios linfáticos.

Así que abandonaron el tratamiento. Eso fue hace más de veinticinco años. Rusty ha estado sano y libre de cáncer desde entonces.

Dios lo sanó milagrosamente.

Unos años después de esta increíble respuesta a las oraciones, otro amigo fue diagnosticado con el mismo tipo de cáncer de estómago. Una vez más, comenzamos a orar y apelar a la misericordia de Dios. Queríamos que nuestro amigo Johnny fuera sanado como lo había sido Rusty.

Sin embargo, el cáncer empeoró.

El vientre de Johnny aumentó a un tamaño enorme. Su cara y sus miembros se consumían. Atravesó un dolor y un sufrimiento insoportables.

Continuamos orando y apelando a la misericordia de Dios, pidiéndole que sanara a Johnny.

Al final, Dios lo sanó, pero no de la manera que esperábamos. Johnny partió para estar con el Señor y dejó una esposa, dos hijos y una hija pequeña.

A menudo, queremos controlar a Dios. Pero sus caminos son más altos que los nuestros. Y no siempre los entendemos. No obstante, podemos tener la certeza de que aunque no siempre haga lo que le pidamos, él *es* bueno.

Le pedí a Rusty que reflexionara acerca de su experiencia con el cáncer y sobre el hecho de que él permaneció con vida mientras que Johnny murió. He aquí un extracto del correo electrónico de Rusty:

La gente me ha preguntado por qué fui sanado y otros no, como nuestro amigo Johnny. ¿Por qué?

Insisto en que esta es la pregunta equivocada.

Creo que la pregunta «por qué» es una que está diseñada para no ser contestada. Es una pregunta que refleja petulancia, no fe. Es una pregunta que realmente no espera una respuesta, o al menos una con la que estaremos satisfechos.

Creo que sería mejor preguntar «qué» (y creo que Johnny reflejó esto en sus últimos días).

«¿Y ahora qué, Padre?».

«¿Y ahora qué hago?».

«¿Qué estás haciendo conmigo?».

«¿Qué estás haciendo en y a través de esto?».

La pregunta «qué» realmente espera una respuesta. Y de hecho, creo que ese es el propósito de las dificultades: pedirle a nuestro Padre dirección y consuelo durante el tiempo que lo necesitamos tan desesperadamente y confiar en él.

«¿Por qué?» o «¿Por qué a mí?» es declarar subversivamente: «¡Estás equivocado! ¡No aceptaré tu soberanía ni sabiduría! Cuestiono tu bondad».

Algunos podrían decir que resulta fácil para mí decir esto, ya que después de todo todavía estoy vivo. No obstante, insisto en que me encuentro tan listo para morir ahora como lo estaba entonces. ¡Por lo tanto, soy realmente capaz de vivir!

No vivo con miedo a enfermedades como el cáncer, o a ser secuestrado o asesinado en Colombia, o a ser comido por un oso en Jasper. (¿Te dije que vamos a las montañas el jueves?).

Como Pablo dijo: «Si vivo o muero, para Cristo vivo» [Romanos 14:8, parafraseado].

Johnny lo vivió en carne propia, solo espero hacer lo mismo. Estoy aprendiendo a vivir por fe; y a saber que todo lo que soy y tengo pertenece a nuestro Padre, que es a la vez bondadoso y bueno.

Dios es bueno.

No siempre entendemos sus caminos. No siempre nos concede nuestras peticiones de la forma que quisiéramos. Sin embargo, él *es* bueno. Y nos ama en gran manera.

¿Crees que Dios es bueno? ¿Crees que él es bueno contigo?

El apóstol Juan destacó la importancia de conocer y creer la verdad acerca de Dios. Él dijo: «Y nosotros hemos llegado a saber y creer que Dios nos ama. Dios es amor. [...] En el amor no hay temor, sino que el amor perfecto echa fuera el temor. El que teme espera el castigo, así que no ha sido perfeccionado en el amor» (1 Juan 4:16-18).

El amor perfecto echa fuera el temor. La verdad es esta: Dios te ama y está de tu lado. No necesitas tener miedo del castigo o el descontento de Dios. Puedes tener confianza en su persona. Mientras más lo conozcas, más lo amarás. Mientras más lo ames, más entenderás su amor por ti. El amor perfecto silenciará todas las dudas que tengas sobre Dios. El temor reverente expulsará al temor aprensivo.

Cuando los discípulos presenciaron el poder de Cristo al calmar la tormenta, temblaron de miedo. Sintieron un megatemor. Cristo no hizo lo que esperaban. Él no se deja dominar. No podemos controlarlo. Cuando seguimos a Jesús, podemos experimentar un viaje un poco salvaje. Como la señora Castor le advirtió a Lucía en *Las crónicas de Narnia*, Aslan no es un león domesticado.

Eso no significa que no podamos pedirle ayuda. Dios quiere que presentemos nuestras peticiones con confianza y expectación ante su trono (Mateo 7:7; Santiago 4:2). El Señor quiere que oremos sin cesar y con fervor. Nosotras llamamos con persistencia a la puerta del cielo, sabiendo que Dios anhela salvar las relaciones, sanar las enfermedades, resolver los conflictos, aliviar el dolor y restaurar lo perdido. Él oye nuestro clamor y «puede hacer muchísimo más que todo lo que podamos imaginarnos o pedir» (Efesios 3:20).

Así que pedimos. No con la expectativa equivocada de que Dios *debe* hacer lo que queremos, como queremos y cuando queremos. Sino más bien con un humilde reconocimiento de que él es Dios, y nosotras no. Cuando pedimos, no solo confiamos en su poder para sanar y liberar, sino que también confiamos en su tiempo, su manera, su sabiduría, su derecho soberano a gobernar, y su propósito y plan eternos.

UNA CONFIANZA INQUEBRANTABLE

Los discípulos aprendieron mucho acerca de la confianza esa noche en la barca. O tal vez sería más exacto decir que aprendieron mucho acerca de Jesús. Y ese era el punto, supongo. A fin de tener confianza, los discípulos necesitaban comprender exactamente quién navegaba en su barca. Jesús quería que supieran que él era más fuerte y más confiable que cualquier cosa o cualquier otra persona en la que pudieran confiar. Ellos necesitaban una visión más amplia de quién era Jesús. Necesitaban depender de él más que de cualquier otra cosa.

Lo mismo ocurrió con Moisés. Desde una perspectiva humana, ¿quién mejor para liberar a los hebreos de la esclavitud que el fuerte, exitoso y confiado nieto adoptivo del faraón? Nadie podría haber estado más calificado o mejor posicionado. Sin embargo, Dios quería que Moisés aprendiera que la confianza proveniente de la píldora azul es pura ilusión. Una confianza necia y débil. Así que despojó a Moisés de las cosas en las que confiaba. Entonces, cuando Moisés fue vaciado de toda confianza en sí mismo, Dios le ofreció la píldora roja.

Confía en mí.

Dios no usó al Moisés autosuficiente para asegurar la liberación de los hebreos, sino más bien al Moisés humilde, despojado de sí mismo y dependiente del Señor. Y esa es por lo general la forma en que Dios hace las cosas. ¿Por qué? Porque él quiere que tengamos una píldora roja, una visión precisa de la realidad. Necesitamos saber la verdad sobre quién es Dios y quiénes somos en relación con él. Cuando nuestros corazones son cautivados por un temor mayor, todos los temores menores pierden su dominio.

Los gurús de la autoayuda en lo que respecta a la confianza sostienen que para tener más confianza, necesitas confiar más en ti misma. No obstante, la Biblia tiene una interpretación muy diferente. Enseña que si quieres tener más confianza, necesitas deshacerte de la píldora azul en favor de la roja. Tienes que confiar más en Dios. Necesitas que él sea tu confianza. No necesitas una mayor visión de ti misma; sino una mayor revelación de Dios.

Al concluir este capítulo, quiero asegurarme de que tomes nota del método que Dios usó tanto con Moisés como con los discípulos para fomentar su confianza: les permitió sentir miedo para que pudieran aprender el temor verdadero. Permitió que su necia y débil confianza fuera destrozada para que pudieran tener una confianza fuerte en Dios. El miedo de los discípulos era de un grado alto, un pánico intenso. El miedo de Moisés era de un grado bajo, una inseguridad persistente. En ambos casos, el antídoto para el temor —y la prescripción para una confianza fuerte— fue el temor del Señor.

6

CÓMO EDIFICAR TU CONFIANZA

Todo apoyo falso se vuelve en nuestra contra y nos ataca...
pero la confianza puesta en Jesús nunca será traicionada.

—Raymond Ortlund Jr.

Las cataratas del Niágara son una de las maravillas naturales más emblemáticas de América del Norte. La más grande de las tres cascadas —la catarata Horseshoe— es la más espectacular del hemisferio occidental. Más de tres cuartos de millón de galones de agua truenan sobre su cresta cada segundo y caen con fuerza alrededor de dieciséis pisos en la cuenca rugiente.

El año pasado mi esposo y yo llevamos a nuestro hijo menor a las cataratas del Niágara para una celebración especial de cumpleaños. Realizamos todas las excursiones turísticas típicas, incluyendo una excursión en el barco *Maid of the Mist* al pie de las cataratas. De cerca, estando en el agua blanca agitada y a merced de la niebla feroz y el rocío, tuvimos una apreciación aún mayor del poder de las cascadas.

Esta experiencia sorprendente nos proporcionó el contexto para las arriesgadas acrobacias de las que oímos hablar en la exposición *Niagara Daredevil* en el teatro IMAX. A través de los años, numerosos temerarios han cruzado las cataratas en barriles o artilugios caseros. Otros han realizado acrobacias sobre una cuerda floja colocada en lo alto de la imponente cascada.

El temerario más conocido de las cataratas del Niágara fue un equilibrista llamado «el gran Blondin». En 1859, estiró una cuerda de casi medio kilómetro para cubrir el ancho de la garganta del Niágara. Blondin estaba tan confiado en su propia habilidad que nunca usó una red o arnés de seguridad, ni siquiera al cruzar las cataratas del Niágara. Sin ningún esfuerzo, caminó de ida y vuelta a través de la extensión. Una gran multitud observó la impresionante hazaña con pavor y asombro.

Blondin caminó por la cuerda floja sobre las cataratas del Niágara en múltiples ocasiones. Cruzó caminando hacia atrás. Hizo volteretas y se paró de manos. Caminó con los ojos vendados y sobre zancos. Cruzó en bicicleta. Una vez, llevó una estufa y se detuvo en la mitad del trayecto para cocinar una tortilla francesa, luego bajó el desayuno con una cuerda para que lo disfrutaran los pasajeros del barco *Maid of the Mist*.[1]

La historia de Blondin llevando una carretilla a través de la cuerda floja en las cataratas del Niágara es citada a menudo por los pastores como una ilustración de lo que significa tener fe. Es posible que la hayas oído. Se dice que después de empujar una carretilla por la cuerda floja, Blondin le preguntó a la multitud si ellos creían que él podía empujar la carretilla pasando de un lado a otro, pero con una persona adentro. Los espectadores aplaudieron con entusiasmo. *Sí.* ¡Creían que podía! Sin embargo, cuando Blondin preguntó: «¿Quién se ofrece como voluntario?», nadie respondió. La verdadera creencia, concluye la ilustración, es más que hablar de labios para afuera. Significa confiar en el acróbata lo suficiente para subir a la carretilla y aceptar el paseo.

Cada ilustración tiene sus limitaciones. Resulta cuestionable si confiar en un equilibrista que quiere empujarte en una carretilla a través de las cataratas del Niágara es una decisión inteligente. Incluso si Blondin realizara con éxito la hazaña miles de veces, no hay garantía de que tendrá éxito la próxima vez. Demasiadas cosas podrían salir mal.

El representante de Blondin, Harry Colcord, tenía confianza en las habilidades de Blondin. Había sido testigo de cómo caminaba con seguridad por la cuerda floja por todo el mundo. Por lo tanto, Colcord estuvo de acuerdo cuando Blondin le propuso una escena de riesgo en la que lo llevaría a través de las cataratas del Niágara. Mientras cruzaba por la cuerda floja con el aterrorizado Colcord aferrándose a su espalda por su vida, varias de las cuerdas se cortaron inesperadamente. La pareja se salvó por poco del desastre. La experiencia fue tan desgarradora que Colcord juró que nunca dejaría que Blondin lo llevara a través de una cuerda floja de nuevo.

La confianza de Blondin dio sus frutos. Alcanzó gran fama y fortuna gracias a sus acrobacias por la cuerda floja. Él siguió realizando sus acrobacias hasta bien avanzados los setenta años. Sin embargo, dos de sus ayudantes no fueron tan afortunados. Murieron cuando una cuerda se cortó durante una de sus acrobacias. Tampoco las cosas siempre resultaron bien para otros artistas que, como Blondin, desafiaron con confianza las cataratas del Niágara.

En 1887, Stephen Peer se cayó de una cuerda floja y murió en las rocas más abajo.

En 1920, Charles Stephens se hundió en las cataratas en un barril de roble. La fuerza del agua destrozó el barril. El brazo derecho de Stephens fue la única parte de su cuerpo que se recuperó.

En 1990, el kayakista profesional en aguas bravas Jessie Sharp trató de saltar las cataratas en su kayak. Estaba tan seguro del éxito que hizo una reserva para cenar más tarde esa noche. Nunca apareció. Su kayak fue descubierto aguas abajo. Su cuerpo jamás fue encontrado.

En 1995, Robert Overacker intentó saltar las cataratas en un Jet Ski. La hazaña no tuvo éxito. Los espectadores vieron con horror como el paracaídas de Overacker no se abrió y murió en la caída.[2]

La confianza carece de valor si es temeraria o si la persona o cosa en la que depositas tu confianza falla. Si quieres tener una confianza fuerte y sabia, necesitas poner tu confianza en el lugar correcto.

UN PROBLEMA DE CONFIANZA

¿Tienes un problema de confianza? Si tuvieras que calificar tu confianza colocando una X en una escala del cero al diez —siendo el cero un nivel de confianza *asustadiza* (difidente, tímida, temerosa, retraída, vergonzosa, insegura, reacia, dudosa) y el diez un nivel de *superconfianza* (audaz, valiente, osada, con agallas, determinación, coraje, valor)—, ¿dónde colocarías tu X? ¿Te clasificarías más hacia el extremo difidente de la escala o más hacia el extremo de la mucha confianza? ¿Por qué?

Soy asustadiza.
Tengo un problema
de confianza.

Soy muy confiada. No
tengo un problema
de confianza.

0 — 1 — 2 — 3 — 4 — 5 — 6 — 7 — 8 — 9 — 10

Lucho con muchas cosas, pero por lo general no lucho con sentimientos de incompetencia. Tengo una actitud extremadamente fuerte de «puedo hacerlo». Pregúntales a mis hijos. (Tal vez esto tenga algo que ver con mi herencia alemana). Por lo tanto, me clasificaría con un nivel de confianza alto. Me siento insegura de vez en cuando, sin duda, y en algunos entornos más que en otros, pero esos sentimientos son pasajeros. No dominan mis emociones ni tampoco suelen dictar mi comportamiento. Si alguien me preguntara, diría que no tengo un problema de confianza. Creo que colocaría mi *X* en un ocho o nueve.

Qué suerte la mía, ¿verdad?

Espera. No tan rápido.

Al igual que yo, puedes verte como una mujer segura. Puedes pensar que debido a que no luchas con la inseguridad, realmente no tienes un problema de confianza. Por otro lado, puedes verte como asustadiza. Te sientes tímida y temerosa la mayor parte del tiempo. Tal vez piensas que debido a que luchas con la inseguridad, tienes un gran problema de confianza.

Sin embargo, antes de concluir que la mujer que se siente confiada no tiene un problema de confianza, y la que no se siente confiada sí lo tiene, déjame hacerte una pregunta ligeramente diferente.

¿Hasta qué punto pones por completo tu confianza en Dios?

No estoy hablando de si has recibido o no a Cristo. Me refiero a en qué medida confías en Dios cada día. Si fueras a calificar cuánto confías en Dios colocando una *X* en una escala del cero al diez —siendo el cero *no confío en Dios* (confías en ti misma o en otras cosas y dejas a Dios fuera de la escena) y el diez *confío plenamente en Dios* (dependes de Dios en todo y a cada momento)—, ¿dónde colocarías tu *X*?

| No incluyo a Dios en mi día. Pongo mi confianza en otras cosas. | Incluyo a Dios en todos los aspectos de mi día. Confío en él todo el tiempo. |

0 — 1 — 2 — 3 — 4 — 5 — 6 — 7 — 8 — 9 — 10

Esta es una pregunta reveladora. Y nada fácil de responder. Creo que yo colocaría la X en algún lugar alrededor del cuatro. A veces, por lo general durante una crisis, mi medidor de confianza podría elevarse mucho más alto, y en otras ocasiones, cuando estoy demasiado ocupada, mi medidor de confianza podría disminuir aún más. Si soy franca, debo admitir que no pongo constantemente mi confianza en el Señor y a menudo confío en mí misma o en otras cosas. De acuerdo con la segunda escala, puedo ver que tengo un problema de confianza. Y este puede incluso ser peor que el de las que se calificaron a sí mismas como asustadizas en la primera escala.

Me veo como una mujer confiada, pero si mi confianza depende de una fuente frágil y necia, no vale nada a los ojos de Dios. Como ves, la Biblia mide la confianza de una manera completamente diferente. La fuerza de nuestra confianza no depende de una autoevaluación positiva, sino de la medida en que confiamos en Dios. Tenemos un problema de confianza cada vez que ponemos nuestra confianza en el lugar equivocado.

Al final de cuentas, el pecado ha perjudicado a cada una de nosotras. *Todas* tenemos un problema de confianza... ya sea que estemos conscientes de ello o no.

No te dejes engañar al pensar que debido a que no luchas con la inseguridad, no tienes un problema de confianza. Sin duda lo tienes. Ambas lo tenemos. La batalla por nuestra confianza es feroz e implacable. Cada día debemos luchar para rechazar el tipo de confianza débil y necia que Satanás promueve y esforzarnos por edificar el tipo de confianza que Dios sostiene como sabia y fuerte. Ya sea que nos veamos como confiadas o inseguras, todas necesitamos aprender a confiar más en Dios.

CINCO GENERADORES DE CONFIANZA

Entonces, ¿por dónde empezamos? ¿Cómo desarrollamos nuestra confianza para convertirnos en las mujeres fuertes y seguras que Dios quiere que seamos? Los siguientes cinco generadores de confianza son un buen punto de partida para comenzar.

1. EXPANDE TU VISIÓN DE DIOS

Moisés adquirió más confianza cuando supo quién era Dios. Asimismo, la confianza de los discípulos aumentó cuando obtuvieron un mayor entendimiento de quién era Jesús. A fin de tener una confianza fuerte, estos hombres no necesitaban una visión mayor de sí mismos, necesitaban una visión más amplia de Dios. La Biblia contiene decenas de ejemplos adicionales. Podríamos hablar de Gedeón, Josué, Caleb, Elías, Elisabet, María y otros. Ellos adquirieron confianza cuando obtuvieron una perspectiva apropiada de Dios.

Lamentablemente, la mayoría de nosotras tenemos una visión muy pequeña de Dios. La verdad es que no creemos que él sea quien dice que es, ni creemos que hará lo que dice que hará.

La razón principal por la que los cristianos luchamos con la confianza es porque no comprendemos plenamente quién es Dios y quiénes somos en relación con él. Casi todos los problemas que tenemos con la confianza se remontan a esa cuestión fundamental. Por lo tanto, lo primero que podemos hacer para edificar una confianza fuerte es ampliar nuestra visión de Dios.

¿Cómo? Al meditar en Dios: quién es, qué dice y qué hace. Ese era el secreto de David.

Según David, la persona que se deleita en la Palabra de Dios y medita en ella día y noche será alguien genuinamente feliz y confiado (Salmos 1:1-3). Meditar en algo significa reflexionar sobre ello y pensar en ello de manera profunda.

David tenía el hábito de meditar en la Escritura. Salmos 119 indica que pasó mucho tiempo meditando en los preceptos de Dios (v. 15), los decretos (v. 23), los mandamientos (v. 48), la ley (v. 97), los estatutos (v. 99) y las promesas (v. 148).

También pasó mucho tiempo pensando en quién era Dios. En el libro de los Salmos, descubrimos que David meditaba en la grandeza de Dios (77:13), la santidad (29:2), el amor (48:9), la justicia (9:7), la compasión (103:4), el perdón (130:4), el esplendor y la majestad (145:5), su espectacular hermosura (27:4) y mucho más.

David también meditó en el poder de Dios (63:2) y en las proezas y obras poderosas del Señor (77:12). Noche y día, Dios era el centro de sus pensamientos.

Cuando era pastor, David pasaba mucho tiempo al aire libre, cuidando las ovejas. Al contemplar los cielos, la luna y las estrellas, pensó en lo que la creación tenía que decir acerca de la naturaleza y el carácter de Dios (8:3; 97:6). «Los cielos cuentan la gloria de Dios, el firmamento proclama la obra de sus manos», escribió David (19:1).

Dios delimita los cielos con la palma de su mano. Organiza los objetos celestiales con sus dedos: todos los cúmulos y supercúmulos, las explosiones de rayos gamma, los planetas, las lunas, las nebulosas, las galaxias, los cometas, las supernovas, los cuásares, los púlsares y los agujeros negros (8:3). Él es aquel que determina el número de las estrellas y a todas ellas les pone nombre (147:4).

La extensa Vía Láctea tiene un estimado de cien mil millones de estrellas. Los científicos sugieren que existen alrededor de dos billones de galaxias en el universo observable, con cientos de millones de estrellas en la galaxia promedio.[3] David no tenía idea del tamaño del universo como los científicos de hoy en día. No obstante, sí reconoció que los cielos son más grandes de lo que podía comprender, y que Dios es aún mayor que eso (113:4; 150:1).

Sabemos que todo lo que Dios creó, desde una estrella hasta un grano de arena, está compuesto de pequeños bloques de construcción llamados moléculas. Las moléculas contienen incluso bloques de construcción más pequeños llamados elementos. Los elementos son sustancias químicas que se descomponen en su forma más simple, como el hidrógeno, el carbono y el sodio.

Los elementos se pueden descomponer en bloques de construcción incluso más pequeños llamados átomos. Los átomos son partículas diminutas, en verdad muy diminutas. Son tan pequeños que el punto al final de esta frase contiene más de mil millones de ellos. ¡Eso es más pequeño de lo que podemos imaginar!

Durante un tiempo, los científicos creían que los átomos eran los bloques de construcción más pequeños de la materia. Ahora han descubierto que los átomos están formados por partículas subatómicas como los cuarks, leptones, neutrinos e hiperones. A medida que los científicos profundizan en la física subatómica y de las partículas, cada vez descubren más bloques infinitesimales.

Es increíble cuando piensas en ello.

David probablemente no sabía acerca de moléculas, elementos ni átomos. Sin embargo, él reconoció que todo —incluyendo su propio cuerpo— fue formado de manera asombrosa y maravillosa, intrincadamente entretejido por Dios el Creador (Salmos 139:14-15).

Como seres humanos, no podemos empezar a comprender la inmensidad del universo, ni podemos entender su minúsculo diseño. La creación es mucho más sustancial y mucho más intrincada de lo que podríamos asimilar en nuestras mentes.

La Biblia testifica que el Señor es responsable de crear todo y hacer que todo funcione. Él es el arquitecto y sustentador tanto del macro como del microcosmos: «Y él es antes de todas las cosas, y todas las cosas en él subsisten» (Colosenses 1:17, RVR1960). «Sostiene todas las cosas con su palabra poderosa» (Hebreos 1:3).

Lo que resulta aún más sorprendente es que el mismo Dios que creó y sostiene cada supercúmulo celestial y cada pequeño átomo se interesa profundamente por ti y por mí. Él nos asegura que sus pensamientos hacia nosotras son numerosos y preciosos. Tratar de numerarlos sería como tratar de contar los granos de arena en una playa (Salmos 139:17-18).

Dios piensa constantemente en ti con un afecto profundo. *Este Dios, que sostiene todas las cosas con su palabra poderosa, te dice: eres preciosa a mis ojos y honrada, y te amo. No temas, porque yo estoy contigo. Te sostengo de tu mano* (Isaías 41:10-13; 43:4-5).

¿Puedes creerlo?

Mientras más medites en la verdad de la Palabra de Dios, más querrás hacerlo.

Una visión precisa de Dios es el punto de partida para construir una confianza fuerte. Cuando engrandeces a Dios, tus problemas se vuelven pequeños. A medida que aumente tu temor reverente hacia él, también aumentará tu confianza y seguridad.

2. DEJA LA ARROGANCIA EN LA ENTRADA

Cuando tengo una visión inadecuada de Dios, lo veo como más pequeño de lo que realmente es. Esto suele ir de la mano con el problema opuesto: me veo a mí misma más grande de lo que en verdad soy. Por lo tanto, la segunda manera de edificar la confianza es limpiando nuestros corazones de una actitud arrogante y demasiado confiada.

La palabra bíblica para el exceso de confianza es *arrogancia*. ¿Qué es la arrogancia? La arrogancia es presumir que sé más que Dios. Es valorar mi opinión como más alta que la de él.

Una persona arrogante exhibe una actitud informal, irrespetuosa e irreverente hacia Dios. Muestra una actitud insensible y relajada.

Esta persona no toma a Dios en serio.

En lugar de temerle a Dios con reverencia, es demasiado relajada con respecto a él. Menosprecia la opinión de Dios de la misma manera en que podría descartar despreocupadamente la opinión de un amigo. Se comporta de forma tal que muestra una falta de respeto al hacer algo que Dios dice que no tiene derecho a hacer. Sus pensamientos también son audaces. Muestra una falta de respeto por dudar de lo que Dios dice que es cierto.

La arrogancia es una confianza excesiva en una misma. Se podría decir, aunque irónicamente, que el exceso de confianza puede manifestarse en una pobre opinión de nosotras mismas. Por ejemplo, si Dios dice que me ama y me acepta, y yo afirmo que no es verdad, entonces estoy siendo arrogante. Estoy poniendo mi opinión por encima de la suya.

La Escritura nos dice que el hombre impío «muestra audacia en su rostro» (Proverbios 21:29, lbla). Es muy seguro de sí mismo. Cree que está pensando y haciendo lo correcto. No obstante, su audacia es arrogante. Irrespetuosa. Insolente. Es más, es extremadamente pecaminosa.

En el huerto, Satanás convenció a Eva de presumir que ella sabía más que Dios. En esencia, la convenció de ser autosuficiente. Presumir con confianza que sabemos más que Dios es la actitud que yace en la raíz de todo pecado.

Uno de los ejemplos más drásticos del pecado de la arrogancia es la historia de Uza y el arca del pacto. El arca era el objeto más sagrado en el templo de Dios. Representaba la misma presencia de Dios (1 Crónicas 13:6).

No vamos a entrar en todos los detalles, pero durante los días de Saúl, el arca de alguna manera terminó guardada en la casa del padre de Uza, Abinadab, donde juntó polvo durante décadas. Cuando David se convirtió en rey, decidió que era hora de traer el arca de regreso a Jerusalén y restaurarla a su lugar legítimo en un tabernáculo. David reunió a todo el mundo en Israel para el acontecimiento festivo. Sin embargo, su fiesta no salió según lo planeado. He aquí lo que sucedió:

> Colocaron el arca de Dios en una carreta nueva y la sacaron de la casa de Abinadab. Uza y Ajío guiaban la carreta. David y todo Israel danzaban ante Dios con gran entusiasmo y cantaban al son de liras, arpas, panderos, címbalos y trompetas.
>
> Al llegar a la parcela de Quidón, los bueyes tropezaron; pero Uza, extendiendo las manos, sostuvo el arca. Entonces la ira del Señor se encendió contra Uza por haber tocado el arca, y allí en su presencia Dios lo hirió y le quitó la vida.
>
> David se enojó porque el Señor había matado a Uza. Por eso le puso a aquel lugar el nombre de Peres Uza, nombre que conserva hasta hoy. Aquel día David se sintió temeroso de Dios y exclamó: «¡Es mejor que no me lleve el arca de Dios!» Por eso no se la llevó a la Ciudad de David, sino que ordenó que la trasladaran a la casa de Obed Edom, oriundo de Gat. (1 Crónicas 13:7-13)

Preocupado de que el arca fuera a caer, Uza extendió la mano para estabilizarla. Y por sus esfuerzos, Dios le quitó la vida. ¡Vaya manera de arruinar la fiesta de David! ¿Por qué Dios haría eso? Especialmente cuando David estaba llevando el arca a donde pertenecía. ¿Cuál fue el problema?

El problema fue la arrogancia en el corazón de Uza. Dios vio algo de la misma actitud en el corazón de David. Y también en los corazones de los participantes. Ellos tenían una visión relajada hacia Dios, una visión irreverente. El profeta Samuel explicó: «Entonces la ira del SEÑOR se encendió contra Uza por su atrevimiento y lo hirió de muerte ahí mismo, de modo que Uza cayó fulminado junto al arca» (2 Samuel 6:7).

Uza murió a causa de su irreverencia.

El exceso de confianza hizo que tratara el arca de Dios de manera informal.

Dios les dio a los israelitas instrucciones explícitas sobre quién podía tocar el arca y cómo se suponía que debía ser transportada. Colocarla en una carreta fue un gran error. Dios les dijo claramente a los israelitas que el arca no debía ser tocada, sino solamente transportada con varas de madera, y solo por medio de los levitas de la familia de Coat (Éxodo 25:12-14; Números 7:9). No importa con cuánta inocencia fuera hecho, tocar el arca era una violación directa de la santa ley de Dios y algo castigado con la muerte.

¿Recuerdas el viejo dicho «la familiaridad genera desprecio»? Uza estaba tan acostumbrado a que el arca se hallara en su casa que la subestimó. Estaba tan acostumbrado a tenerla cerca que comenzó a considerarla como algo común en lugar de santo.

Quizás Uza se sentía orgulloso de que el rey lo reconociera como el guardián del arca. Me imagino que tener una posición tan prominente en la procesión alimentó su ego. Tal vez se veía a sí mismo como una persona importante. En cualquier caso, el hecho de que Uza se extendiera para tocar el arca fue una acción arrogante que demostró irreverencia hacia Dios.

¿Notaste cómo reaccionó David ante la muerte de Uza? Se *enojó* con Dios. Pensó que ya que estaba haciendo tanto por él, no era justo que Dios arruinara su procesión. La tragedia también hizo que

David le *temiera* a Dios, pero no de la manera correcta. Al menos no al principio. Sin embargo, el corazón de David poco a poco fue cambiando de parecer. Reconoció que él y el pueblo habían sido realmente arrogantes. Y David se arrepintió de esa actitud.

La próxima vez que David ordenó mover el arca, mandó a los levitas que lo hicieran de la manera correcta, como Dios había dispuesto (1 Crónicas 15). Esta fue una fiesta más alegre, más exuberante y más reverente que la primera. En esa fiesta, David le recordó a la nación que siempre debían temerle a Dios y atribuirle a él la gloria y el poder debidos a su santo nombre. «Porque el SEÑOR es grande, [...] ¡más temible que todos los dioses!» (16:25).

La arrogancia es un pecado atroz. La Biblia nos dice que «la arrogancia [es] como el pecado de la idolatría» (1 Samuel 15:23). *Idolatría*. Cuando considero mis propias opiniones como más importantes que las de Dios, me pongo en el lugar de Dios. Y eso es tan ofensivo para él como adorar a una pieza de madera o piedra tallada.

Por ejemplo, Dios nos ordena que no tengamos relaciones extramatrimoniales. Si me acuesto con mi novio de todos modos, entonces estoy siendo arrogante. Tengo un exceso de confianza en mi propia opinión. Según la Biblia, esa no es la verdadera confianza.

¿Eres arrogante? ¿Tienes una visión relajada con respecto a Dios? ¿Crees que sabes más que él? ¿Alguna vez te has encogido de hombros y dicho: «Sé lo que dice la Biblia, pero creo que...»? ¿Minimizas la gravedad del pecado? ¿Transgredes de manera indiferente e impenitente las normas de Dios? ¿Lo desprecias con tus actitudes, tus palabras, tus acciones o tu moral? ¿Eres tan atrevida como para ignorar voluntaria y flagrantemente lo que el Dios todopoderoso dice? ¿No le temes a Dios?

Algunas personas piensan que Uza murió porque el Dios del Antiguo Testamento era malo y estaba enojado. Piensan que Dios

Samuel instruyó a Saúl a velar por varias señales sobrenaturales que confirmarían que él era la elección de Dios. Todas las señales se cumplieron ese día. No obstante, cuando Saúl regresó a su casa, no le dijo a nadie acerca de su poderoso encuentro con Dios.

Una semana después, Samuel reunió a todas las tribus de Israel para echar suertes y elegir un rey. La suerte cayó sobre la tribu, el clan y la familia de Saúl, y luego sobre Saúl mismo. Pero él no aparecía por ninguna parte. Se había escondido entre el equipaje. La gente tuvo que sacarlo por la fuerza de detrás de los baúles de almacenamiento para proclamarlo rey.

Con el tiempo, el rey Saúl demostró ser un líder militar formidable. Se ganó el respeto de sus ciudadanos y de los líderes extranjeros. Sin embargo, de alguna manera, Saúl nunca logró deshacerse de su irritabilidad y su resentimiento. Por fuera era un líder exitoso, pero por dentro estaba plagado de inseguridades. Le temía al hombre. Estaba ansioso en cuanto a lo que los demás pensaran de él. Quería que las personas lo consideraran increíble y admirable. No obstante, tenía miedo de que lo vieran como alguien deficiente.

El temor alimentó los celos y el odio de Saúl hacia David. El temor alimentó la ira de Saúl. El temor también alimentó su desobediencia. Por ejemplo, antes de una batalla contra los filisteos en Gilgal, el profeta Samuel le dio a Saúl instrucciones explícitas de no comenzar la batalla hasta que él llegara para ofrecer el holocausto (1 Samuel 13:8-12). Pero Saúl estaba impaciente. Tenía miedo de perder la batalla y quedar mal. Así que en lugar de esperar a Samuel, presuntuosamente presentó el holocausto él mismo.

El temor al hombre fue en definitiva lo que destruyó a Saúl.

El problema llegó a un punto crítico cuando Saúl desobedeció las instrucciones de Dios acerca de cómo debía tratar con los amalecitas, los archienemigos de los israelitas (1 Samuel 15:1-4). Se suponía que Saúl debía destruirlo todo y no tomar ningún botín: ni ganado, ni ovejas, ni ningún tesoro... nada.

Sin embargo, Saúl obedeció a medias.

Aunque destruyó todos los animales y bienes indeseables y sin valor, dejó que sus hombres tomaran el mejor botín. Además, no mató al rey amalecita. Él y sus oficiales probablemente planearon organizar un gran desfile al regreso para su pueblo. Tenían la intención de exhibir la recompensa y hacer un espectáculo del rey extranjero. Querían alardear de su ilustre victoria.

Saúl quería que el pueblo lo reconociera como el mejor. Tan profunda era su inseguridad, que incluso «se erigió un monumento» (1 Samuel 15:12).

Samuel confrontó a Saúl por su desobediencia e identificó la inseguridad como la raíz del problema. «Eras pequeño a tus propios ojos», observó Samuel (1 Samuel 15:17, NBLA).

Al principio, Saúl no reconoció que había hecho algo malo. Sin embargo, cuando Samuel no le dio tregua, admitió que había desobedecido a Dios porque le temía a la gente. «He pecado. En verdad he quebrantado el mandamiento del SEÑOR y tus palabras, porque *temí al pueblo* y escuché su voz» (v. 24, NBLA, énfasis añadido).

Samuel reiteró que Dios iba a deponer a Saúl como rey, y luego se dio vuelta para marcharse. Alarmado, Saúl agarró a Samuel y le rogó: «He pecado, *pero te ruego que me honres ahora delante de los ancianos de mi pueblo y delante de Israel* y que regreses conmigo para que yo adore al SEÑOR tu Dios» (v. 30, NBLA, énfasis añadido).

¿Ves el problema con la confesión de Saúl?

Él estaba más preocupado por su reputación, por ser *honrado* delante de los ancianos, que por su pecado. Temerle al hombre más que a Dios le costó a Saúl su reinado, su familia, su fe y finalmente su vida.

El temor al hombre es la trampa de Satanás.

Este conduce a pecados de arrogancia, pecados de comparación y pecados de cobardía.

Como dijo Jon Bloom: «Vernos pequeños puede ser justo o destructivo. Es justo si vemos a Dios muy grande y a nosotros muy pequeños. Esto realmente nos libera del temor. Sin embargo, es destructivo si la aprobación del hombre resulta mayor para nosotros, porque eso siempre conduce a desobedecer a Dios».[4]

El temor al hombre *siempre* conduce a desobedecer a Dios. Además, no aporta nada para edificar una confianza fuerte. Nuestra confianza es débil si depende de lo que otros piensen de nosotras. Jesús nos instruyó a temerle a Dios y no al hombre (Mateo 10:28-33). Cuando le tememos a él, no necesitamos temerle a nadie más.

Como dijo David:

> El SEÑOR está a mi favor; no temeré.
> ¿Qué puede hacerme el hombre?
> El SEÑOR está por mí entre los que me ayudan;
> por tanto, miraré *triunfante* sobre los que me aborrecen.
> Es mejor refugiarse en el SEÑOR
> que confiar en el hombre.
> Es mejor refugiarse en el SEÑOR
> que confiar en príncipes. (Salmos 118:6-9, LBLA)

Tu confianza aumentará a medida que rechaces el temor al hombre y te refugies solo en Dios. ¿Cómo puedes hacer eso? Un buen lugar para empezar es memorizando Salmos 118:6-9 y citándolo la próxima vez que sientas que el temor al hombre se apodera de tu corazón.

4. DEJA DE CONFIAR EN COSAS FRÁGILES

Otra forma de construir una confianza fuerte es dejando de confiar en cosas frágiles. La Biblia compara la confianza débil y necia con la tela de una araña: «Porque es frágil su confianza, y una tela de araña su seguridad. Confía en su casa, pero *esta* no se sostiene; se aferra a ella, pero *esta* no perdura» (Job 8:14-15, NBLA).

Una de las cosas más importantes que podemos hacer en nuestra búsqueda de confianza es evaluar dónde está siendo depositada nuestra confianza. ¿De qué dependemos en última instancia para obtener nuestro sentido de identidad y seguridad? ¿Estamos confiando en el Señor? ¿O estamos confiando en una tela de araña?

Así como la tela de una araña se compone de una red de hilos individuales, del mismo modo la confianza se basa en una malla de fuentes interrelacionadas. Una mujer puede poner su confianza en su educación, su trabajo, sus finanzas, sus amigos, su influencia o su aspecto. Todas obtenemos nuestra confianza de una variedad de cosas. El problema es que podemos ser engañadas al creer que estas cosas son más fuertes y más confiables que Dios.

Las cosas de las que la mayoría de la gente depende para tener confianza se pueden clasificar en cuatro categorías básicas. O, para usar el simbolismo de la telaraña, los hilos se pueden dividir en cuatro cuadrantes diferentes: rango, valoración, recursos y prevención de riesgos.

PRIMERO, MI RANGO (EVALUACIÓN PERSONAL): «YO SOY...».

Confianza: Soy suficiente.

Temor: No soy suficiente.

El primer cuadrante abarca la forma en que me veo a mí misma. Algunas personas equipararían esto con un sentido personal de autoestima. Yo evalúo cómo me veo. ¿Soy fuerte o débil, capaz o incapaz, inteligente o necia, educada o sin educación, realizada o mediocre, bonita o fea, divertida o aburrida, agradable o desagradable, trabajadora o perezosa, organizada o desorganizada, buena

o mala? Si pienso que estoy a la altura de un estándar aceptable, me siento confiada. No obstante, si pienso que no doy la talla —no soy lo suficientemente bonita, inteligente o capaz, por ejemplo— me siento insegura.

SEGUNDO, MI VALORACIÓN (EVALUACIÓN GRUPAL): «ELLOS PIENSAN QUE SOY...».

Confianza: Me aceptarán.

Temor: Me rechazarán.

El segundo cuadrante de la confianza tiene que ver con cómo creo que otras personas me valoran. ¿Me ven como una buena persona? ¿Piensan que soy inteligente y dotada? Si creo que tienen una visión positiva de mí, me siento más confiada. No obstante, si percibo que tienen una visión negativa sobre mí, mi inseguridad aumenta. Tengo miedo de que se rían de mí, me juzguen, me condenen o me excluyan. Temo ser rechazada y no aceptada.

TERCERO, MIS RECURSOS (EVALUACIÓN DE BIENES): «TENGO/NO TENGO...».
Confianza: Nada me falta.
Temor: Me falta.

Otro cuadrante del que obtengo confianza es el de mis recursos. Hago un inventario para ver qué bienes tengo a mi disposición. Bienes como dinero, trabajo, posesiones, tiempo, conexiones, expertos, defensores o ayudantes. Si creo que tengo todo lo que necesito, me sentiré confiada. No obstante, si considero que no tengo lo que necesito, me sentiré aprensiva y temerosa.

CUARTO, LA PREVENCIÓN DE RIESGOS (PROBABILIDAD DE PÉRDIDA/DAÑO): «QUÉ PASA SI...».
Confianza: Me siento segura.
Temor: Me siento insegura.

El cuadrante final de mi red de confianza se relaciona con mi capacidad para evitar un riesgo percibido. Trata de lo vulnerable que me siento ante la pérdida o el daño. *¿Y si algo malo sucede? ¿Y si pierdo mi trabajo? ¿Y si mi sueño se hace añicos? ¿Y si algo le ocurre a un ser querido? ¿Y si las elecciones no salen como espero? ¿Y si me enfermo? ¿Y si muero?*

Si considero que el riesgo de pérdida y daño es bajo, me siento segura y confiada. Si considero que el riesgo de pérdida y daño es alto, me siento insegura y temerosa. La prevención de riesgo se relaciona con mi sentido de control sobre los sucesos futuros, es decir, con mi capacidad percibida para evitar que algo malo suceda o mi capacidad para mitigar una pérdida potencial.

La razón por la que muchas mujeres carecen de confianza es porque saben que la fuente de su confianza no es fuerte, sino muy frágil. Los hilos en los que sujetan sus esperanzas podrían ceder en cualquier momento. Y ninguna inyección de autoestima o sentimientos positivos va a cambiar ese hecho.

La Biblia enseña que desde un punto de vista global, todos los seres humanos son débiles e insignificantes, incluso aquellos que parecen fuertes y poderosos. Salmos 62:9 (NBLA) nos dice que «los hombres de baja condición solo son vanidad, y los de alto rango son mentira; en la balanza suben, todos juntos *pesan menos* que un soplo». Salmos 39 señala que todas las cosas terrenales de las que dependemos pueden ser consumidas como un montón de suéteres infestados de polillas (v. 11).

La Escritura nos exhorta a dejar de confiar en la fuerza y la competencia de los hombres, las cuales en esencia no valen nada (Isaías 2:22). Si queremos una confianza fuerte, necesitamos depender de algo mucho más fiable que lo que este mundo tiene para ofrecer.

La fuerza humana es una ilusión.

La telaraña es frágil.

Confiar en ella es de necios.

Me encanta la analogía de la telaraña que usa la Biblia. Para mí, el simbolismo es profundo. Verás, tengo mucha experiencia con las telarañas. Tenemos una cabaña rústica familiar en un lago remoto en el norte de Canadá. Cada verano, mientras mi marido lucha contra las hormigas, yo lucho contra las telarañas.

Esas arañas trabajan las veinticuatro horas los siete días para construir sus telarañas. Las tejen en las sillas, en la mesa, en la red de voleibol, en los cables de las luces del patio, en la pila de leña, en las puertas, en las ventanas, en los cobertizos. Ellas tejen sus telarañas literalmente *por todas partes*. En cada esquina, rincón y grieta. Así que cada vez que llegamos a la cabaña, tengo que sacar la vieja escoba de paja para quitar las telarañas. De lo contrario, estaríamos invadidos de esa gasa pegajosa translúcida.

Derribar telarañas con la escoba de paja no toma mucho tiempo. Las telarañas son frágiles y fáciles de quitar. No obstante, la batalla es implacable. Puedo dejar todo limpio un día solo para tener toda una nueva cosecha de telarañas a la mañana siguiente. A veces las telarañas son enormes. Y con el rocío brillando en cada frágil hilo de seda, pueden verse espectaculares. A menudo me impresionan la habilidad y la tenacidad que tienen las arañas.

La razón por la que me encanta la analogía que compara la confianza falsa y necia con una tela de araña es porque describe muy acertadamente la batalla continua de la confianza que se desarrolla en mi propio corazón. La tentación de confiar en mi propia capacidad y recursos surge constantemente. Todos los días tengo que evaluar si estoy dependiendo de Dios o de una red de otras cosas. El Señor dice: «No se alejen de él por seguir a ídolos inútiles, que no los pueden ayudar ni rescatar, pues no sirven para nada» (1 Samuel 12:21).

Como dice el antiguo himno:

> *No hay que temer, ni que desconfiar,*
> *en los brazos de mi Salvador,*
> *por su gran poder él me guardará,*
> *de los lazos del engañador.*
> *Libre, salvo, del pecado y del temor,*
> *libre, salvo en los brazos de mi Salvador.*[5]

¿En qué cosas confías? ¿Qué fuentes de fuerza humana enumerarías en los cuadrantes de tu red de confianza? Tu confianza aumentará cuando dejes de depender de una telaraña frágil y comiences a confiar en los brazos eternos de Dios.

5. EVITA PERSEGUIR UNA SENSACIÓN

Los expertos en confianza evalúan la fuerza de la confianza de una persona en función de la seguridad que dicha persona manifiesta. Por lo tanto, su objetivo es ayudar a las mujeres a despertar sentimientos más felices, positivos y afirmativos sobre sus capacidades para tener éxito. Su trabajo termina cuando ellas se *sienten* como mujeres superconfiadas.

El problema de equiparar la confianza con un sentimiento es que estos no son indicativos de si la confianza de una persona es sabia o necia, fuerte o débil. Todos los temerarios que se enfrentaron a las cataratas del Niágara se sentían confiados de que vivirían para contar la historia. El sentimiento de confianza de Blondin le hizo ganar fama y fortuna. Sin embargo, los sentimientos de confianza de los otros temerarios solo los condujeron a un mundo de dolor.

Es importante que comprendas que lo que el mundo promueve como confianza es simplemente el sentimiento o la ilusión de la misma. Es algo imaginario. No es genuino. «La fortuna del rico es su ciudad fortificada, y como muralla alta *en su imaginación*» (Proverbios 18:11, LBLA, énfasis añadido). Según la Biblia, la fuerza de tu confianza depende de la fuerza del objeto de la misma, no de la fuerza de tu sentimiento.

Para aumentar tu confianza, necesitas evitar perseguir la sensación.

Perseguimos esta sensación cuando comparamos la confianza fuerte con una fuerte *sensación* de confianza. Esta idea resulta peligrosa, porque nos anima a perseguir una sensación ilusoria en lugar de esforzarnos por poner nuestra confianza en el lugar correcto. Las sensaciones son engañosas. Una sensación fuerte puede convencernos de que nuestra confianza es fuerte cuando en realidad es débil. Una sensación débil puede convencernos de que nuestra confianza es débil cuando en realidad es fuerte.

Moisés es un buen ejemplo de esto. Según los relatos, el Moisés de cuarenta años era un sujeto muy confiado. Él se sentía seguro de que podía ayudar a liberar al pueblo hebreo de la esclavitud egipcia. Ciertamente, parecía ser la persona indicada para el trabajo. Tenía la inteligencia, las habilidades, el poder y la posición. Sin embargo, cuando su intento fracasó, su confianza se hizo añicos. Adelántate cuarenta años y verás que Moisés era un sujeto tembloroso e inseguro. Él no se sentía confiado en absoluto.

Desde una perspectiva humana, la confianza de Moisés a los cuarenta era fuerte, mientras que su confianza a los ochenta era débil.

No obstante, esa no es la forma en que Dios ve las cosas.

Sin importar cómo Moisés se sentía —confiado o inseguro— estaba poniendo sus «huevos» en la cesta equivocada. Resulta irrelevante lo llena que estuviera esa canasta. Independientemente de si estaba llena o vacía, seguía siendo la cesta equivocada. Los sentimientos de Moisés no tenían nada que ver con la fuerza de la fuente en la que depositaba su confianza.

El problema no consistía en que el Moisés de cuarenta años fuera arrogante y el Moisés de ochenta años careciera de confianza. El problema, en ambos casos, radicaba en que estaba poniendo su confianza en el lugar incorrecto. Moisés no estaba depositando su confianza en Dios. Estaba apostando por el tipo de confianza equivocado.

A menudo vemos la confianza como un sentimiento. Cuando nos sentimos bien con respecto a nuestra capacidad para tener éxito, concluimos que nuestra confianza es fuerte. Sin embargo, cuando nos sentimos dudosas o temerosas de nuestra capacidad para tener éxito, concluimos que nuestra confianza es débil. Comparamos el hecho de tener una confianza fuerte con un sentimiento positivo y optimista sobre nuestra posibilidad de alcanzar el éxito. A menudo, cuando buscamos tener confianza, lo que realmente estamos buscando es la sensación, el sentimiento o la ilusión de la misma.

La Biblia pone la confianza en un plano completamente diferente. La fuerza de tu confianza no depende de la confianza que *sientas,* depende de si tu confianza está puesta en Jesucristo, la fuente de confianza inquebrantable. Si dependes de Dios más que de otras cosas, tendrás una confianza fuerte y sabia. Si dependes más de otras cosas, tu confianza será frágil y necia. Cuando buscas una confianza fuerte, no estás persiguiendo un sentimiento, sino resolviendo poner tu confianza en la cesta correcta. Cuán confiada te *sientes* tiene poco que ver.

Anteriormente en este capítulo te pedí que calificaras tu confianza en una escala del cero al diez. Yo me califiqué con un ocho o nueve. Eso es porque generalmente me siento confiada. Luego te pedí que calificaras hasta qué punto pones tu confianza en Dios cada día. En esta escala, solo me califiqué con un cuatro. El objetivo de este ejercicio era mostrarte que es posible *sentirte* segura y sin embargo poner tu confianza en el lugar *incorrecto.*

La Biblia se interesa por la *fuente* de tu confianza y su fuerza real en lugar de por cuán segura o insegura esa fuente te haga sentir. No puedo dejar de insistir en la importancia de este punto.

Algunas mujeres se sienten muy bien con la red de cosas de las que dependen. Su telaraña está intrincadamente construida con hilos de competencia personal, dinero, belleza, educación, posición, relaciones e influencia. Tales mujeres exudan confianza. Están seguras de que su red es lo suficientemente fuerte como para sostenerlas. Es solo cuando una tormenta repentina amenaza su red que ven lo frágil que es su fuente de confianza.

Otras se sienten inseguras con respecto a la red de cosas de las que dependen. Como el preocupado y nervioso Moisés, sienten que no son suficientes. Comparan su propia telaraña con la que sus vecinas están tejiendo y concluyen que la suya es inadecuada. Carecen de la capacidad, los recursos y los medios para alcanzar el éxito. Estas mujeres envidian a cualquier mujer con una red de recursos más grande, más bonita y más espectacular. Plagadas de inseguridades, tales mujeres se dan cuenta de que la única manera de tener más confianza es consiguiendo de alguna forma una red más grande y mejor. Sin embargo, sienten que incluso si lo hacen, todavía no será suficiente.

El punto es el siguiente: ya sea que nos sintamos inseguras o confiadas —o incluso superconfiadas y llenas de bravuconería— ante los ojos de Dios nuestros sentimientos no son lo más importante. Lo que realmente importa es *dónde* estamos depositando nuestra confianza. Y eso es algo que todas debemos examinar.

No te dejes engañar. La confianza no está envuelta en un sentimiento, sino en la persona de Jesucristo. Él es nuestra confianza fuerte.

¿Puede Jesús ayudarnos a sentir más seguras? ¿Puede el hecho de poner nuestra confianza en él aliviar nuestros sentimientos de temor e inseguridad? Sí, absolutamente. No obstante, perseguir el sentimiento es como perseguir el regalo en lugar de al dador. Los sentimientos van y vienen. Sin embargo, si depositas tu confianza en Dios, «el Señor estará siempre a tu lado y te librará de caer en la trampa» (Proverbios 3:26).

TODO SE RESUME EN EL TEMOR

En este capítulo exploramos cinco barreras que impiden obtener una confianza fuerte. Como dije al principio, cada problema que tenemos con la confianza puede remontarse a una cuestión fundamental: no comprender plenamente quién es Dios y quiénes somos en relación con él. Un problema de confianza es un problema que tiene que ver con el temor; es un problema que tenemos con temerle a Dios como es debido.

La buena noticia es que la Biblia deja claro que el temor de Dios es mucho más que una emoción; es algo que se puede *enseñar* y *aprender*.

David tenía la intención de enseñarle al pueblo cómo temerle a Dios: «Vengan, hijos míos, y escúchenme, que voy a enseñarles el temor del SEÑOR» (Salmos 34:11).

Dios dijo: «Reunirás a todos los hombres, mujeres y niños de tu pueblo... para que escuchen y aprendan a temer al SEÑOR tu Dios» (Deuteronomio 31:12). También indicó: «Convoca al pueblo para que se presente ante mí y oiga mis palabras, para que aprenda a temerme todo el tiempo que viva en la tierra, y para que enseñe esto mismo a sus hijos» (4:10).

Dios te da todo lo que necesitas para crecer en el temor reverente del Señor. Él te da la verdad a través de su Santa Biblia. Te da el poder a través de su Espíritu Santo. Te da apoyo a través de su santa iglesia. Por lo tanto, tienes todo lo necesario para edificar una confianza fuerte.

Hoy es un buen día para tomar la escoba de paja y comenzar.

7

UNA CONFIANZA BIEN ARRAIGADA

Su gracia me enseñó a temer, mis dudas ahuyentó.

—John Newton, «Sublime gracia»

A principios de este año, los científicos de Israel anunciaron que han cultivado con éxito palmeras datileras extintas a partir de semillas antiguas encontradas en sitios arqueológicos en el desierto de Judea.

Las palmeras datileras eran tan abundantes en Tierra Santa que los griegos y los romanos la llamaban «la tierra de las palmeras». Los dátiles eran un alimento básico en Israel. Espesos bosques de palmeras datileras cubrían el valle del río Jordán desde el mar de Galilea en el norte hasta las orillas del mar Muerto en el sur. Sin embargo, cuando Roma destruyó la ciudad de Jerusalén y su templo en el 70 A. D., también destruyó las palmeras datileras. Los ejércitos romanos arrasaron los árboles con el objetivo de paralizar la economía judía. Las palmeras restantes fueron destruidas en conquistas posteriores. Para cuando los judíos se volvieron a asentar en Israel en 1948, la palmera datilera que una vez fue abundante se había extinguido.

Hoy en día, los dátiles que Israel exporta son cosechados de árboles que fueron importados de Irak y Marruecos a principios del siglo pasado. No son los mismos árboles o los mismos dátiles que florecieron en la antigüedad.

Ya puedes imaginar lo emocionados que estaban los arqueólogos al descubrir una pequeña reserva de semillas de palmeras datileras almacenadas en una vasija de arcilla entre las antiguas ruinas de Masada, sin mencionar cuando una investigadora botánica germinó con éxito la primera semilla en el año 2005.

Ella le llamó al retoño Matusalén.

Después del éxito con Matusalén, los botánicos plantaron cuidadosamente docenas más de las raras semillas de dos mil años. Seis árboles más brotaron: Adán, Jonás, Uriel, Booz, Judith y Hannah. Después de varios años, Hannah floreció, y los botánicos la fertilizaron con éxito con el polen de Matusalén.

En el año 2020, por primera vez en más de un milenio, los botánicos judíos cosecharon el fruto dulce del mismo tipo de palmera que crecía en los tiempos bíblicos.[1]

COMO UNA PALMERA O UN CEDRO

La palmera datilera israelí resulta fascinante. Especialmente porque es uno de los árboles que la Biblia utiliza para ilustrar cómo florecemos cuando nuestra confianza está profundamente arraigada en el Señor.

La Escritura compara la confianza verdadera a un árbol bien arraigado, y la confianza débil a una zarza del desierto.

Así dice el Señor:

«¡Maldito el hombre que confía en el hombre!

  ¡Maldito el que se apoya en su propia fuerza

  y aparta su corazón del Señor!

Será como una zarza en el desierto:

  no se dará cuenta cuando llegue el bien.

Morará en la sequedad del desierto,

  en tierras de sal, donde nadie habita.

Bendito el hombre que confía en el Señor

  y pone su confianza en él.

Será como un árbol plantado junto al agua,

  que extiende sus raíces hacia la corriente;

no teme que llegue el calor,

  y sus hojas están siempre verdes.

En época de sequía no se angustia,

  y nunca deja de dar fruto». (Jeremías 17:5-8)

Para los judíos, el contraste era extremadamente significativo. Ellos estaban bien familiarizados con la diferencia entre una zarza que crecía en el desierto y un árbol que crecía junto a un oasis.

En un viaje a Tierra Santa hace unos años, me sorprendió descubrir que el desierto de Israel es muy diferente al terreno arenoso y llano del Sahara. El desierto de Israel no es exactamente llano. Está compuesto de mesetas de piedra caliza y yeso, cráteres y acantilados. No es exactamente arenoso tampoco. Es rocoso y polvoriento. Y no está lleno de flora y fauna, como los desiertos en California. El desierto de Israel es inhóspito e inquietantemente vacío, en especial alrededor del mar Muerto. Allí la alta concentración de minerales y sales impiden que crezca cualquier cosa. Este es uno de los lugares más extrañamente estériles de nuestro planeta.

Así que cuando Dios les dijo a los israelitas que la persona que pone su confianza en los mortales era como una zarza «en tierras de sal, donde nadie habita», sin duda ellos entendieron bien la idea. Algunos arbustos pequeños podrían brotar en regiones del desierto que estuvieran lo bastante lejos de la sal del mar Muerto. Sin embargo, esos arbustos ciertamente no serían exuberantes ni verdes. Lucirían más como plantas quebradizas y secas. Se verían áridos, atrofiados y de aspecto patético.

En yuxtaposición a esta imagen desolada y estéril está la persona que pone su confianza en Dios. Esa persona «será como árbol plantado junto a corrientes de aguas, que da su fruto en su tiempo, y su hoja no cae; y todo lo que hace, prosperará» (Salmos 1:3, RVR1960).

La imagen que seguramente les vino a la mente a los judíos es la de un manantial como en Gan HaShlosha, el parque de los tres (manantiales). Ese lugar resulta tan hermoso que algunos rabinos afirman que es un remanente del jardín del Edén. Los estanques y cascadas están llenos de profundas aguas de color azul esmeralda. El agua cristalina se refresca constantemente por los manantiales subterráneos naturales. Las flores y otra vegetación se agolpan alrededor de las orillas, al igual que las palmeras datileras, que crecen a lo alto para proporcionar sombra del sol abrazador.

Las palmeras datileras crecen hasta unos doce, quince e incluso veinticuatro metros de altura. Sus hojas plumosas de color verde —de hasta seis metros de largo— coronan el tronco. Las fibras del árbol son extremadamente elásticas. De modo que el tronco del árbol se dobla, pero no se quiebra con la fuerza del viento.

La palmera datilera es hermosa y útil. Comienza a dar fruto unos cinco años después de haber sido plantada, y produce más de trescientas libras de dátiles al año. Esta continúa siendo productiva durante más de un siglo; y a medida que el árbol crece, el fruto se vuelve más dulce.

En la antigüedad, los dátiles cultivados en Israel eran famosos por su gran tamaño, dulzura, largo tiempo de conservación y alto valor nutricional. Además, eran conocidos por sus propiedades medicinales, las cuales no se encuentran en las variedades modernas. Los dátiles antiguos sirvieron como cura para una amplia gama de enfermedades, como el cáncer, la malaria y el dolor de muelas. Los dátiles eran tan valorados que el rey Herodes enviaba cada año un regalo de dátiles israelíes al emperador romano.

Sin embargo, la importancia de la palmera datilera para Israel era mucho mayor que su valor nutricional, medicinal o comercial. El árbol era más apreciado por su profundo simbolismo religioso.

La palmera datilera es un símbolo de la bendición de Dios. Las frondas son un símbolo de victoria. Las palmeras datileras se encontraron en abundancia tanto en el templo de Salomón como en la visión de Ezequiel de la morada eterna de Dios. Durante la entrada triunfal de Jesús en Jerusalén, la multitud agitaba con entusiasmo hojas de palmeras.

Cuando Dios dijo que el hombre que confía en él florece como la palmera, la imagen representa fuerza espiritual duradera, victoria, belleza y fecundidad.

David añadió que los que confían en Dios crecen como un cedro en el Líbano. Este símbolo también es poderoso. El Líbano es la cordillera que marca la frontera norte de la tierra prometida. Las montañas libanesas eran famosas por sus bosques de cedro, a los que se les llamaba «la gloria» del Líbano (Isaías 35:2). Hasta hoy, la bandera libanesa destaca prominentemente la imagen de un árbol de cedro.

El cedro libanés es un magnífico árbol perenne de raíces profundas que crece hasta por dos mil años. Puede alcanzar diámetros y alturas enormes (hasta casi cuarenta metros).[2] Su madera fragante es de color rojo y altamente resistente a los insectos y el deterioro. Esta madera es muy apreciada por su belleza y durabilidad.

El cedro era un artículo importante del comercio. El rey David utilizó el cedro en su palacio. El rey Salomón importó paneles de cedro para construir su palacio y el templo en Jerusalén. Los egipcios importaban el cedro para los mástiles altos de sus barcos y los féretros duraderos de sus muertos. El rey Nabucodonosor usó mucho el cedro para la construcción en su Imperio babilónico.

La palabra hebrea para cedro proviene de la raíz de un término que significa «firme».[3] El cedro se menciona docenas de veces en la Biblia como un símbolo de fuerza espiritual y longevidad, porque el árbol se mantiene eternamente fuerte y alto.

El atributo más impresionante del cedro es su sistema de raíces. Las raíces de este magnífico árbol se extienden bajo tierra tanto como eleva sus ramas, de modo que es inamovible.[4] Algunas personas estiman que la raíz del cedro libanés crece cuatro metros debajo de la tierra por cada treinta centímetros que el árbol crece sobre la tierra.[5] Independientemente de si esta proporción es o no exacta, resulta innegable que el cedro libanés tiene raíces profundas para que el árbol crezca firme y fuerte.

Dios describió a su pueblo de esa manera. «Extenderá sus raíces como *los cedros del* Líbano» (Oseas 14:5, NBLA).

Sin importar si la Biblia usa el simbolismo de un cedro o una palmera, el punto es el mismo: una mujer que confía en Dios es «como un árbol plantado junto al agua, que extiende sus raíces hacia la corriente» (Jeremías 17:8).

El Nuevo Testamento revela aún más este simbolismo. Nos muestra que tenemos confianza cuando estamos arraigadas en Cristo y nuestras raíces se nutren de *su* corriente (Colosenses 2:6-7). Él les provee a sus seguidores un manantial de «agua viva», el don del Espíritu Santo que habita en nosotras (Juan 4:14; 7:39).

Por lo tanto, si has puesto tu confianza en Jesús, Dios te ha dado una fuente de confianza que es mayor y más confiable que cualquier poder terrenal. No necesitas rogar por esta confianza. Ya la posees. Es tuya.

Está arraigada en ti; tú estás arraigada en ella.

Esta fuente de confianza no se origina en ti, ni depende de ti. Es sobrenatural. Nunca se secará ni se agotará. Fluye en tu interior como la corriente de un arroyo. Está viva y activa. Imperecedera. Eterna.

Más importante aún, esta confianza no está fuera de alcance. Está cercana. Se halla en tu corazón para que puedas acceder a ella. Dios promete que crecerás tan audaz y fuerte como una palmera datilera y un cedro cuando tus raíces estén arraigadas a esta fuente sobrenatural.

¡Qué metáfora tan asombrosa!

¡Y qué increíble promesa!

CAMBIA EL SENTIDO DE LA *V*

Confiar en Dios significa poner nuestra confianza en cosas invisibles. No podemos ver una raíz espiritual. No podemos ver el agua viva. No podemos medirla. No podemos tomarnos una foto con ella para publicarla en nuestro muro. No podemos envolverla en papel bonito y colocarle un moño. No podemos comparar cuánto tenemos con cuánto tiene nuestra vecina. Es mucho más fácil confiar en las cosas que puedo ver. Como los ingresos que figuran en mi declaración de impuestos, el diploma que cuelga en mi pared, el número de seguidores en las publicaciones de mis redes sociales, el certificado de buena salud de mi médico o el reflejo en mi espejo.

La Escritura advierte que si me apoyo en esta telaraña, no se mantendrá firme. Si me aferro a ella, no perdurará. Confiar en las cosas terrenales es de necios. En cambio, debo confiar en Dios.

A lo largo de este libro he hablado acerca de la clave de la confianza de la Biblia:

CONFIAR EN DIOS > CONFIAR EN OTRAS COSAS = CONFIANZA FUERTE/SABIA
CONFIAR EN DIOS < CONFIAR EN OTRAS COSAS = CONFIANZA DÉBIL/NECIA

Ya sea que tengamos una confianza fuerte y sabia o débil y necia, esta depende de la dirección de esa *V*. Nuestra confianza depende de la fuente de nuestra fortaleza.

Una confianza débil deja a Dios fuera de escena. Depende de las cosas creadas, pero niega a aquel que las creó. La razón de que la confianza débil sea tan frágil es que separa lo invisible de lo visible. Al hacerlo, corta al árbol de sus raíces. Las raíces son la parte más vital de un árbol. Un árbol sin raíces deja de ser un árbol, es solo un pedazo de madera muerta.

Como dijo Pablo: «Así que no nos fijamos en lo visible, sino en lo invisible, ya que lo que se ve es pasajero, mientras que lo que no se ve es eterno» (2 Corintios 4:18). El enfoque de Pablo —su atención, esperanza y seguridad— estaba firmemente dirigido hacia las cosas invisibles y eternas.

Conectar lo visible con lo invisible impacta nuestra visión del mundo. Reorienta radicalmente nuestra perspectiva hacia todas las cosas en las que podríamos depositar nuestra confianza.

Consideremos cómo darle el lugar correcto a Dios impacta cada cuadrante de nuestra red de confianza.

RANGO: LO QUE PIENSO DE MÍ MISMA

Pablo retóricamente les preguntó a los que se estaban jactando de sus bienes: «¿Qué tienes que no hayas recibido? Y, si lo recibiste, ¿por qué presumes como si no te lo hubieran dado?» (1 Corintios 4:7).

Cuando conecto lo que se ve con lo que no se ve, reconozco que «toda buena dádiva y todo don perfecto descienden de lo alto, donde está el Padre que creó las lumbreras celestes» (Santiago 1:17). Todas las cosas «proceden de él, y existen por él y para él» (Romanos 11:36). Todo se trata de Dios.

Entiendo que todos mis atributos personales —mi inteligencia, apariencia y habilidades— vienen de Dios. Él me creó. Él me da «la vida, el aliento y *todas las cosas*» (Hechos 17:25, énfasis añadido).

El rey David entendió esto.

David era un luchador hábil. Sin duda entrenaba duro y mantenía su cuerpo en buenas condiciones físicas. Estoy segura de que sabía muy bien cuánto peso podía levantar, qué tan rápido podía correr, qué podía hacer con una espada y qué tan probable era que diera en el blanco con un arco y una flecha. Sin embargo, David reconoció que todo lo que tenía provenía de Dios. Lo que es más, reconoció que Dios podría incluso darle una capacidad que superara sobrenaturalmente su capacidad humana natural. «Contigo desbarataré ejércitos, y con mi Dios asaltaré muros» (Salmos 18:29, RVR1960).

Conectar lo que se ve con lo que no se ve tiene profundas implicaciones en la forma en que vemos nuestras competencias e incompetencias personales. Si reconozco humildemente que Dios es mi Creador, estoy reconociendo que él está detrás de mis habilidades y logros. Él es el que debe recibir la gloria.

Pablo tenía el hábito de dar el crédito cuando era debido. El apóstol atribuyó todos sus logros al poder de Cristo obrando a través de él. Dijo así: «Por tanto, mi servicio a Dios es para mí motivo de orgullo en Cristo Jesús. No me atreveré a hablar de nada sino de lo que Cristo ha hecho por medio de mí» (Romanos 15:17-18).

¿Qué sucede con nuestras incompetencias? ¿Qué sucede con aquellas de nosotras que sentimos que nos falta inteligencia, apariencia, habilidades o algún otro atributo?

Moisés no se sentía seguro en cuanto a hablar enfrente de una multitud. Cuando se quejó ante Dios de que no tenía facilidad de palabra, Dios le preguntó: «Moisés, ¿y quién te dio tu boca?». La respuesta, por supuesto, fue que había sido Dios. ¡Y Dios no comete errores! Moisés vio su incompetencia como una carga. Sin embargo, Dios la vio como una oportunidad para mostrar su gloria. A los ojos de Dios, las incompetencias no son cargas; son oportunidades para que él manifieste su poder.

Al igual que Moisés, Pablo sufría de alguna clase de deficiencia personal. No sabemos lo que era. Pudo haber sido un problema con el habla o algún tipo de dolencia física. Sin importar lo que fuera, Pablo lo veía como una carga.

Él describió su deficiencia como una espina en el cuerpo (2 Corintios 12:7). En otras palabras, esta deficiencia realmente lo irritaba. Oró en repetidas ocasiones para que Dios se la quitara. Sin embargo, Dios no lo hizo. En cambio, el Señor le prometió a Pablo que la gracia de Dios sería suficiente para él y que el poder de Dios se perfeccionaría en su debilidad.

Para Dios, los defectos no son cargas; estos son oportunidades.

Pablo concluyó: «Por lo tanto, gustosamente haré más bien alarde de mis debilidades, para que permanezca sobre mí el poder de Cristo» (v. 9).

¿Luchas con sentimientos de incompetencia?

¿Alguna vez has sentido que no eres suficiente?

La confianza fuerte no depende de la habilidad humana, ni se ve afectada por la incapacidad humana. Nuestro Creador usa ambas cosas para su gloria. A los ojos de Dios, cada una de nosotras es suficiente. Podemos tener la seguridad de que somos suficientes en él. «Esta es la confianza que delante de Dios tenemos por medio de Cristo. No es que nos consideremos competentes en nosotros mismos. Nuestra capacidad viene de Dios» (2 Corintios 3:4-5).

VALORACIÓN: LO QUE OTROS PIENSAN DE MÍ

Como vimos en el último capítulo, el temor al hombre es una barrera importante a la hora de alcanzar una confianza fuerte. Sin embargo, cuando inclinamos la *V* de la ecuación de la confianza en la dirección correcta, confiamos en lo que Dios piensa de nosotras más que en lo que la gente piensa acerca de nuestra persona. Basamos nuestra confianza en lo que él dice más que en lo que otros dicen.

Dios tiene mucho que decir acerca de quién eres en Cristo. Para empezar, él afirma que eres:

- firmemente arraigada (Colosenses 2:7),
- recibida y aceptada (Romanos 15:7),
- muy amada (Colosenses 3:12),
- una nueva creación (2 Corintios 5:17),
- bendecida con toda bendición espiritual (Efesios 1:3),
- una receptora de la bondadosa gracia de Dios (Efesios 1:6-8),
- plena (Colosenses 2:10),
- una hija de luz (1 Tesalonicenses 5:5) y
- el deleite de Dios (Sofonías 3:17).

¿Lo crees? ¿*Realmente* lo crees?

Estas son las palabras de Dios acerca de ti. No las mías. Cuando Dios te mira, no te ve como lo hace la gente. No te juzga en función de tus habilidades o defectos. Él no basa sus sentimientos en lo bonita, talentosa, rica o popular que seas.

Él ve quién eres en Cristo.

Tu identidad en Cristo tiene que ser la fuente de tu confianza. Porque si el Dios todopoderoso del universo dice estas cosas sobre ti, ¿qué importa lo que piensen los simples mortales?

El hecho de poner nuestra confianza en Jesús no solo aborda nuestro temor a lo que las personas *piensen* de nosotras, también se encarga de nuestro miedo a lo que ellas puedan *hacernos*.

Es innegable que la gente puede hacernos daño.

Pueden dañarnos emocional, financiera o físicamente. Pueden malinterpretarnos, calumniarnos o atacarnos. Podemos enfrentar el ridículo en público, el ostracismo social, o incluso una retribución legal injusta.

El temor a las personas tiene sus buenas razones. La historia de la iglesia está llena de relatos de hermanos y hermanas cristianos que fueron ridiculizados, calumniados, encarcelados, torturados y ejecutados por su fe. Más de setenta millones de cristianos han sido martirizados en el curso de la historia. Incluso ahora, la persecución de los que siguen a Jesús está aumentando alrededor del mundo.

Cada mes, alrededor del mundo 322 cristianos son asesinados por su fe, 214 iglesias y propiedades cristianas son destruidas, y 772 formas de violencia se cometen contra los cristianos, como golpizas, secuestros, violaciones, matrimonios forzados y arrestos.[6] Seríamos ingenuas, por supuesto, si pensamos que esto nunca podría suceder en Estados Unidos o que jamás podría pasarnos a nosotras.

Una gran parte de nosotras no está enfrentando persecución a causa de su fe, pero algunas sin duda están enfrentando dolor y dificultades debido a lo que un adversario les ha hecho —o está tratando de hacerles— para herirlas. La Escritura nos dice que cuando los enemigos atacan, el miedo se puede calmar depositando nuestra confianza en el Señor. Como dijo David:

> El Señor es mi luz y mi salvación;
>   ¿a quién temeré?
> El Señor es el baluarte de mi vida;
>   ¿quién podrá amedrentarme? [...]

> Aun cuando un ejército me asedie,
>
> no temerá mi corazón;
>
> aun cuando una guerra estalle contra mí,
>
> yo mantendré la confianza. (Salmos 27:1, 3)

David también escribió: «Confío en Dios y no siento miedo. ¿Qué puede hacerme un simple mortal?» (Salmos 56:11). Él no estaba diciendo que el hombre mortal era incapaz de infligir daño. Su idea era que Dios lo mantendría a salvo de la única manera que importaba. El testimonio eterno y el futuro de David estaban asegurados. De eso estaba confiado.

La afirmación y la protección divinas de Dios son eternas e inquebrantables para aquellos que confían en Jesucristo. Su poder es mayor que el de cualquier enemigo mortal.

¿Luchas con el temor al hombre? Tal vez este temor surja en tu corazón porque te sientes insegura con respecto a lo que las personas puedan pensar de ti. O quizás te asustan las situaciones organizadas por alguien que está empeñado en hacerte daño. Independientemente de las circunstancias, la Biblia te anima a poner tu confianza en Dios. Él te guiará y te protegerá.

«Confío en Dios y alabo su palabra; confío en Dios y no siento miedo. ¿Qué puede hacerme un simple mortal?» (Salmos 56:4).

RECURSOS: LOS BIENES QUE TENGO A MI DISPOSICIÓN

David y sus hombres estaban preparados para ir a la batalla. Sin embargo, antes de partir, él reunió a todos para un servicio de adoración de despedida. Después de que los sacerdotes oraron y pidieron que Dios les diera la victoria, David con confianza declaró: «Ahora sé que el SEÑOR salvará a su ungido, que le responderá desde su santo cielo y con su poder le dará grandes victorias. Estos confían en sus carros de guerra, aquellos confían en sus corceles, pero nosotros confiamos en el nombre del Señor nuestro Dios» (Salmos 20:6-7).

¿Quiere decir esto que David fue a la batalla sin carros ni caballos? ¿Acaso confiar en Dios significó que no hizo uso de este tipo de armamento? Por supuesto que no.

Es posible que David no haya tenido tantos carros ni caballos como sus enemigos, pero probablemente llevó lo que tenía a la batalla. El tema no era si tenía o no carros; el tema era si confiaba en ellos para obtener la victoria. David creía que la victoria dependía de Dios, no del tamaño de su ejército ni de la calidad del armamento (Salmos 33:16-22).

Confiar en Dios no significa rechazar los recursos que pone a nuestra disposición. Confiamos en Dios cuando reconocemos que todo viene de él, cuando le brindamos nuestro mayor esfuerzo, cuando dependemos de él para obtener su ayuda sobrenatural y cuando le confiamos el resultado. Confiar en Dios significa mantenerlo en el centro de toda la situación.

Resulta tentador confiar en los recursos materiales. Si pensamos que tenemos suficiente —un buen trabajo, una casa, dinero, ropa, posesiones, seguro médico y los expertos adecuados para ayudarnos— nos sentimos seguras. No obstante, si pensamos que no tenemos lo suficiente, nos sentimos aprensivas y temerosas.

Debido al COVID-19, mi esposo, como muchos otros, perdió su empleo. Toda nuestra cuidadosa planificación financiera se esfumó y nos vimos obligados a recurrir a nuestros ahorros. Cuando algo así sucede, podemos empezar a preocuparnos. *¿De dónde vamos a conseguir el dinero para pagar la hipoteca? ¿Cómo vamos a llegar a fin de mes? ¿Vamos a tener suficiente?*

La Biblia habla mucho acerca de poner nuestra confianza en Dios y no en el dinero ni en los recursos materiales. Nos asegura que no debemos preocuparnos por nuestras necesidades. «Dios les proveerá de todo lo que necesiten, conforme a las gloriosas riquezas que tiene en Cristo Jesús» (Filipenses 4:19). Dios es rico. Es dueño de todas las cosas. Por lo tanto, podemos estar seguras de que siempre tendremos suficiente. Jesús enfatizó que debido a que Dios es nuestro Padre, no necesitamos estar ansiosas por nuestras necesidades diarias.

> Así que no se afanen por lo que han de comer o beber; dejen de atormentarse. El mundo pagano anda tras todas estas cosas, pero el Padre sabe que ustedes las necesitan. Ustedes, por el contrario, busquen el reino de Dios, y estas cosas les serán añadidas. No tengan miedo. (Lucas 12:29-32)

¿Hay algo para lo que necesitas la provisión de Dios hoy?

Dios se deleita en satisfacer nuestras necesidades. Él hará que toda gracia abunde en ti, de modo que tengas *todo* lo suficiente en *todas* las cosas en *todo* tiempo (2 Corintios 9:8). La Biblia insiste en que los que lo conocen pueden confiar en él, pues nunca desamparará a aquellos que lo buscan (Salmos 9:10).

Pienso en el ejemplo de George Mueller. Él fue uno de los fundadores del movimiento los Hermanos de Plymouth en el siglo diecinueve. Durante su vida se ocupó de más de diez mil huérfanos. Fundó ciento diecisiete escuelas que ofrecían educación cristiana a más de ciento veinte mil niños. George es famoso por su confianza en Dios para que le proveyera lo que sus orfanatos necesitaban.

Una vez, un orfanato se había quedado sin comida. Sin embargo, George les ordenó a trescientos huérfanos que se sentaran en el comedor alrededor de la mesa y dieran gracias por la comida que estaban a punto de recibir. Entonces esperaron. George no sabía de dónde vendría la comida, pero estaba seguro de que llegaría.

Dios había provisto un edificio para albergar a los huérfanos. Él había provisto cuidadores, muebles, ropa y comida. Cada vez que George oraba sobre sus necesidades, las respuestas llegaban. El dinero, los suministros o los alimentos por lo general se presentaban en el último minuto, pero Dios nunca lo defraudó. Así que esperaron.

En cuestión de minutos, un panadero llamó a la puerta con varios lotes de pan. Pronto volvieron a llamar. Un carro de leche se había roto frente al orfanato. El lechero necesitaba deshacerse de la leche para que pudiera arreglar la rueda. ¿Podrían, por casualidad, hacer uso de ella? George sonrió. Había suficiente leche para satisfacer las necesidades de los niños sedientos.[7]

George estaba tan seguro de que Dios respondería que le agradecía al Señor por la provisión incluso antes de que llegara. Tus necesidades pueden ser diferentes a las de esos niños huérfanos. Sin embargo, puedes estar segura de que Dios también las suplirá todas.

Como el sabio anciano señaló: «Yo fui joven, y ya soy viejo, y no he visto al justo desamparado, ni a su descendencia mendigando pan» (Salmos 37:25, NBLA). Con Dios, puedes estar confiada de que siempre tendrás suficiente.

PREVENCIÓN DE RIESGOS: MI CAPACIDAD PARA EVITAR UNA PÉRDIDA O DAÑO POTENCIAL

¿Alguna vez te has preocupado por lo que podría pasar en el futuro? Creo que todas lo hacemos. Nos preocupa la posible pérdida de un empleo, una crisis de salud, la ruptura de ciertas relaciones, los desastres naturales, los resultados de las elecciones o cualquier otro supuesto escenario de «¿qué pasaría si...?». Nos inquietamos, nos preocupamos y nos quedamos despiertas por la noche especulando sobre lo que podría suceder.

El libro de Proverbios dice que la mujer que teme al Señor le sonríe al futuro. Afronta segura el porvenir (Proverbios 31:25). Debido a que le teme a Dios, no le tiene miedo a los «¿qué pasaría si...?». Confía en que el Señor estará con ella sin importar lo que depare el mañana.

La noche parece ser el momento en que damos rienda suelta a todos esos supuestos escenarios. ¿Con qué frecuencia has estado despierta por la noche preocupándote, repasando toda clase de escenarios «¿qué pasaría si...?» en tu mente?

Salmos 4 es un salmo nocturno que David oró cuando estaba huyendo de su hijo Absalón. La situación que se estaba desencadenando no era buena. El propio hijo de David estaba liderando una conspiración contra él (2 Samuel 15:1—18:33). ¿Puedes imaginarte? Solo piensa en los miedos y preocupaciones y los «¿qué pasaría si...?» que deben haber abrumado la mente de David.

El salmo refleja cómo David aplacó sus pensamientos agitados. Él se centró en lo que conocía que era verdad acerca de Dios y resolvió confiar en el Señor. David no sabía lo que la noche podría deparar. No sabía lo que el día siguiente podría traer. Sin embargo, confiaba en que sin importar lo que pudiera suceder, Dios lo sustentaría. Aunque el desenlace fuera incierto, David confiaba en que Dios tenía todo bajo control.

Él concluyó el salmo con esta declaración poderosa: «En paz me acuesto y me duermo, porque solo tú, Señor, me haces vivir confiado» (v. 8, RVR1960).

La Biblia enseña que Dios es soberano. Él es supremo, está sobre todo principado y autoridad, poder y dominio, y sobre todo nombre que pueda ser dado (Efesios 1:21). Él reina. Él controla todo. No importa lo que suceda en nuestras estructuras políticas, económicas o sociales. No importa lo que pase con nuestras finanzas, nuestra salud o nuestras relaciones. No importa qué tipo de caos y destrucción puedan surgir en nuestro camino. Podemos estar seguras de que el cielo gobierna y Dios todavía tiene el control.

Podemos tener la seguridad de que «ni la muerte, ni la vida, ni ángeles, ni principados, ni potestades, ni lo presente, ni lo por venir, ni lo alto, ni lo profundo, ni ninguna otra cosa creada nos podrá separar del amor de Dios, que es en Cristo Jesús Señor nuestro» (Romanos 8:38-39, RVR1960).

Cuando le temes a Dios, puedes sonreír con confianza al futuro. No porque sepas lo que va a suceder, sino porque sabes que Dios tiene el control y él estará contigo a cada paso del camino.

LA PREGUNTA CORRECTA

Empezamos considerando la pregunta planteada por la jefa de operaciones de Facebook, Sheryl Sandberg: *¿qué harías si no tuvieras miedo?* Para algunas mujeres, la respuesta puede parecer clara.

Sue se siente insegura con respecto a su apariencia. Siempre ha odiado la forma de su nariz.

Melanie está ansiosa por su próxima fiesta. No quiere enfrentar la vergüenza de presentarse sola.

Carrie está preocupada por la reunión de fin de año. Tiene miedo de que la culpen por el pobre desempeño de su equipo.

Kelly quiere empezar su propio negocio, pero tiene miedo de dejar la seguridad de su trabajo actual.

A Melinda no le gusta la forma en que su novio le habla a veces, pero tiene miedo de decir algo al respecto.

Estas mujeres carecen de confianza. Algunos dirían que solo tienen que madurar y vencer el miedo que se interpone en el camino de su éxito profesional y su realización personal.

Sin embargo, ¿qué pasa con las mujeres que se enfrentan a problemas más importantes?

Becky teme que el nódulo en su seno sea cáncer.

El marido de Cindy acaba de morir de un aneurisma cerebral. Ella tiene miedo de criar a sus dos hijos sola.

El marido de Jessica se divorció de ella después de treinta y seis años de matrimonio. Ella sufre de artritis y no tiene ni idea de cómo se las va a arreglar. En lugar de comenzar su jubilación en Florida, está empezando una carrera en Walmart.

Odette teme por su hijo, que es un adicto a la cocaína. Cada vez que suena el teléfono, tiene miedo de oír la noticia de que ha tenido una sobredosis y ha muerto.

¿Deberíamos también decirles a estas mujeres que actúen como adultas y aplasten sus miedos? Deberíamos desafiarlas con la pregunta de Sandberg: *¿qué harías si no tuvieras miedo?*

Creo que no.

Hacerle esa pregunta a una mujer en crisis sería presuntuoso. Se vería como superficial e insensible. Trivializaría lo profundo de su dolor. Estas mujeres tienen miedo. Y por una buena razón. Si estuviéramos en sus zapatos, nos sentiríamos igual.

Tú puedes sentirte identificada. Has estado allí. Y si no has estado en su lugar, en algún momento lo estarás.

En la pregunta de Sandberg está implícita la idea de que es posible deshacerse del miedo. Ella sugiere que si tuviéramos suficiente confianza, no tendríamos miedo.

Sin embargo, ¿es deshacerse del miedo una meta realista?

Pues no lo creo.

El miedo está en nuestro esquema.

Dios nos creó para que sintamos temor.

Él creó nuestros cerebros con un sistema del temor que comprende cuatro circuitos diferentes. Nuestros circuitos de alarma y asociación son instintivos. Nuestros circuitos de evaluación y ejecutivo son nuestra respuesta volitiva al disparador automático del miedo. Si nuestro objetivo es dejar de sentir miedo, estamos dando coces contra el aguijón. Esto no va a suceder.

Somos criaturas temerosas.

Y no hay nada que podamos hacer para cambiarlo.

El pecado hizo que el miedo se desbocara. Cuando la humanidad pecó, la emoción que Dios había creado para nuestro bien se volvió una poderosa herramienta del enemigo. Desde ese fatídico día, Satanás ha usado implacablemente el miedo como un arma contra nosotras. Por lo tanto, mientras vivamos en este planeta, tenemos casi tantas posibilidades de librarnos del miedo como de librarnos del mal. Peleamos la batalla, eso es seguro. Sin embargo, hasta que no veamos a Jesús, la lucha no terminará.

Todas sentimos miedo.

Los sentimientos de temor pueden ser repentinos e intensos o persistentes y leves. Pueden variar en intensidad desde la ansiedad, el estrés y la preocupación hasta el pánico, el terror y la desesperación. El temor es algo que surge en nuestros corazones prácticamente todos los días.

Erradicar el temor es imposible.

Por lo tanto, creo que la pregunta *¿qué harías si no tuvieras miedo?* es totalmente equivocada. Una mejor pregunta sería: *¿qué harás cuando tengas miedo?*

EL TEMOR ES UNA INVITACIÓN

¿Qué harás cuando tengas miedo? El temor es una invitación. Cuando el miedo llame a tu puerta (como inevitablemente lo hará), Satanás quiere que respondas de la manera equivocada. Sin embargo, Dios te invita a responder de la manera correcta.

Puedes considerar el temor como una amenaza, pero en realidad este te presenta una oportunidad increíble. Desde la perspectiva de Dios, el temor es

- una invitación a confiar en él,
- una invitación a examinar nuestros corazones,
- una invitación a profundizar nuestras raíces,
- una invitación a experimentar un temor más maravilloso y
- una invitación a descansar, contemplar y dejarnos asombrar.

Para empezar, el miedo es una invitación a confiar en el Señor. David dijo: «Cuando siento miedo, pongo en ti mi confianza» (Salmos 56:3). ¿Te diste cuenta de que David dijo *cuando* siento miedo y no *si* siento miedo? David anticipó que se sentiría asustado.

El miedo es de esperarse.

La vida da miedo.

Hay momentos en los que sentirás temor.

David enfrentó muchas situaciones estresantes a lo largo de su vida. Tuvo que escapar para salvar su vida y continuar prófugo durante años cuando el rey Saúl lanzó un ataque para asesinarlo. La presión no terminó cuando David fue coronado rey. De hecho, se intensificó. Los detractores lo calumniaron, las multitudes se burlaron de él, sus amigos lo traicionaron, su familia lo rechazó. Luego surgió esa crisis con su hijo, Absalón. David se enfrentó a conspiraciones políticas, intentos de asesinato, sublevaciones y guerras. Además, tuvo que lidiar con la vergüenza, el remordimiento y el dolor debido a sus malas decisiones.

Los salmos están repletos de los clamores de David a Dios por ayuda. También están llenos de declaraciones de la determinación de David de poner su confianza en Dios en lugar de en otras cosas. A menudo, clamaba: «Dios mío, rescátame de la mano del impío, de la mano del malhechor y del implacable, porque Tú eres mi esperanza; oh Señor Dios, Tú eres mi confianza desde mi juventud» (Salmos 71:4-5, NBLA).

David tenía el hábito de poner su confianza en Dios. Con Dios como su confianza, era capaz de enfrentar incluso la circunstancia más difícil con un espíritu pacífico y resuelto.

¿Qué harás cuando tengas miedo?

Cuando el miedo golpee a tu puerta, Satanás quiere que confíes en sus soluciones. Sin embargo, Dios te invita a confiar en él y a depender de él. «Confía en el SEÑOR de todo corazón, y no en tu propia inteligencia. Reconócelo en todos tus caminos, y él allanará tus sendas» (Proverbios 3:5-6).

En segundo lugar, el temor es una invitación a examinar nuestros corazones. Durante la tormenta, Jesús les preguntó a los discípulos: «¿Por qué tienen tanto miedo?» (Marcos 4:40).

Pues, ¿por qué piensas, Jesús? ¿No es obvia la respuesta?

Sin embargo, esta era una pregunta seria y no retórica. Si hubieran examinado sus corazones, habrían visto que en el fondo la razón de su temor no era la tormenta, sino su falta de confianza en Dios. El miedo que sentían era simplemente un síntoma de un problema más profundo.

El miedo es como una luz indicadora en el tablero de un coche. Cuando la luz indicadora comienza a parpadear, te avisa de que algo está mal y puede requerir tu atención.

Consideremos el escenario conocido de una mujer sintiéndose insegura sobre su apariencia, por ejemplo. Tal vez tenga una cicatriz reciente en la frente. O un grano rojo, hinchado y desagradable. O tal vez no ha perdido esos kilos de más del embarazo. En lugar de estar emocionada por asistir a la fiesta, se siente nerviosa —temerosa— de que la gente note o mire fijamente lo que ella considera como una deficiencia física.

Este sentimiento de temor es como una luz de advertencia en su tablero emocional. Puede indicar que está poniendo su confianza en el lugar equivocado. El sentimiento de temor puede revelarle que se está apoyando en la frágil red de la apariencia personal, o en la validación de las personas, en lugar de confiar en Dios.

El temor es un buen indicador de dónde estamos depositando nuestra confianza. Cuando sentimos miedo, esta es una oportunidad para examinar si estamos confiando en Dios más que en otras cosas. Nuestros corazones son muy engañosos. Podemos engañarnos pensando que estamos confiando en Dios. Solo cuando nuestra red de seguridad terrenal se ve amenazada y el miedo en nuestro corazón se eleva, somos capaces de discernir dónde estamos realmente poniendo nuestra confianza.

David oró: «Examíname, oh Dios, y conoce mi corazón; pruébame y conoce mis pensamientos; y ve si hay en mí camino de perversidad, y guíame en el camino eterno» (Salmos 139:23-24, RVR1960). Esa es una gran oración para orar cada vez que el miedo llama a nuestra puerta.

En tercer lugar, el temor es una invitación a afianzar nuestras raíces más profundo en la Palabra viva de Dios y en la fuente de agua viva. El miedo nos recuerda que necesitamos desesperadamente a Dios. Necesitamos su Palabra y su Espíritu. Esas son las cosas que dan vida a nuestros espíritus. El temor nos recuerda que debemos extender nuestras raíces hacia la corriente de agua, porque las cosas se están calentando y nuestras hojas se están empezando a caer.

Tener raíces más profundas es una necesidad constante, por supuesto. No obstante, cuando una crisis nos golpea, podemos descubrir que nuestras raíces no son tan profundas como pensábamos. O que no son lo suficientemente profundas para soportar las temperaturas extremas y abrazadoras que de pronto nos han golpeado. El miedo es la invitación de Dios a extender nuestras raíces hacia sus aguas. Es una invitación a sumergirnos en su Palabra y caminar por el poder de su Espíritu. A medida que lo hagas, él te proveerá lo que necesitas para permanecer verde y dar fruto incluso durante la sequía más difícil (Jeremías 17:5-8).

Cuarto, el miedo es una invitación a experimentar un temor más maravilloso. El temor del Señor es el que vence todos los miedos. El temor reverente calma el miedo aprensivo. Cada vez que nos sintamos aprensivas, esa es una invitación de Dios a acercarnos con temor, obediencia, devoción, adoración y confianza. David a menudo le rogaba a Dios: «Dame integridad de corazón para temer tu nombre» (Salmos 86:11, NVI).

Antes del reinado de David, él y seiscientos hombres se refugiaron de Saúl en la tierra de los filisteos. Aquis, rey de Gat, les dio la ciudad de Siclag a cambio de servicios militares (1 Samuel 27:2-6). En una ocasión, cuando David y sus hombres estaban lejos en una campaña militar, los amalecitas organizaron una redada en Siclag, destruyeron la ciudad y se llevaron a todas las esposas e hijos de los habitantes. Para empeorar las cosas, los hombres de David lo culparon a él. «David se alarmó, pues la tropa hablaba de apedrearlo; y es que todos se sentían amargados por la pérdida de sus hijos e hijas» (30:6).

La situación era ciertamente sombría. ¿Cómo respondió David? El versículo concluye: «Pero cobró ánimo y puso su confianza en el Señor su Dios» (v. 6).

¿Cómo se fortaleció a sí mismo?

Adorando.

Dejó que el temor de Dios se impusiera sobre todos sus otros temores.

Espero que este libro te haya convencido de que no todo temor es malo. El miedo aprensivo es tu enemigo. Sin embargo, el temor reverente es tu amigo. Y la única manera de derrotar al primero es abrazando al segundo. El temor reverente es aquel que calma todos los temores menores.

Por último, el temor es una invitación a descansar, contemplar y dejarnos asombrar. Cuando nos sentimos ansiosas, queremos hacer algo para resolver la situación. Dios quiere que dejemos de tratar frenéticamente de encontrar nuestra propia solución.

Él nos invita a dejar de esforzarnos. A descansar. Y a esperar pacientemente en él.

Cuando los israelitas se asustaron a causa de una amenaza política y trataron de huir del problema con sus propias fuerzas, Dios los desafió y los reprendió con estas palabras:

> Porque así ha dicho el Señor DIOS, el Santo de Israel:
> «En arrepentimiento y en reposo serán salvos;
> En quietud y confianza está su poder».
> Pero ustedes no quisieron,
> Y dijeron: «No, porque huiremos a caballo».
> Por tanto, huirán.
> Y: «Sobre corceles veloces cabalgaremos».
> Por tanto, serán veloces los que los persigan. [...]
> Por tanto, el SEÑOR desea tener piedad de ustedes,
> Y por eso se levantará para tener compasión de ustedes...
> ¡Cuán bienaventurados son todos los que en Él esperan!
> (Isaías 30:15-16, 18, NBLA)

¿Qué quiere decir esperar en el Señor? No significa tratar a toda costa de inventar nuestra propia solución. No significa mover nuestro pie con impaciencia esperando una respuesta de Dios. Esperar en el Señor significa:

Detenernos.

Hacer una pausa.

Esperar.

Y contemplar a Dios con asombro y admiración.

David anhelaba hacer esto más que cualquier otra cosa. Él dijo: «Una sola cosa le pido al Señor, y es lo único que persigo: habitar en la casa del Señor todos los días de mi vida, para contemplar la hermosura del Señor y recrearme en su templo» (Salmos 27:4).

¿Recuerdan la analogía del diamante? Cuando esperamos, dejamos que entre la luz. Nosotras, las criaturas, nos arrodillamos ante nuestro Creador y permitimos que su indescriptible poder y belleza nos inunde y asombre.

Y quedamos deshechas.

Mysterium tremendum et fascinans.

Esperar en Dios pone todo en perspectiva. Cuando esperamos en Dios, los temores menores se arrodillan ante el Gran Temor y las confianzas menores se arrodillan ante la Gran Confianza. Esperar en Dios nos ayuda a verlo a él y al mundo de la manera correcta.

Mientras esperamos, algo increíble sucede.

Su poder nos infunde una fuerza y una confianza sobrenaturales.

La Escritura promete que «los que confían en el Señor renovarán sus fuerzas; volarán como las águilas: correrán y no se fatigarán, caminarán y no se cansarán» (Isaías 40:31). Afirma que «el temor del Señor conduce a la vida» y que aquellos que abrazan este gran temor tendrán un sueño tranquilo y evitarán los problemas (Proverbios 19:23).

Tus miedos, ansiedades y preocupaciones son una invitación a descansar, contemplar y dejarte asombrar por el Dios al que pertenece toda la gloria, la majestad, el poder y la autoridad desde antes de todos los tiempos, ahora y para siempre. Y a obtener una confianza fuerte de él.

UNA NOTABLE DETERMINACIÓN

Mientras escribo esta última sección, reflexiono en lo que ha sido una semana triste. El martes se cumplió un año del accidente de auto que se llevó al hijo de mi amiga Nanette, su nuera y sus dos nietos. Ellos eran misioneros en un orfanato en Bulembu, Eswatini. Toda la familia murió al instante. Fue una tragedia horrible.

Nanette nos escribió a mí y a otros amigos en el aniversario de su muerte. Ella dijo:

> La pérdida terrenal de Brendan, Melissa, Evelyn y Colton me ha llevado al borde de la desesperación. A veces, sin saber si podré regresar. Tener esperanza es difícil. Mi fe pende de un hilo. Sin embargo, sé que están en los brazos de Aquel que amaron y sirvieron tan fielmente. Vivo con la esperanza de la eternidad con Jesús y mi preciosa y amada familia. Sus oraciones me han protegido de aquel que quiere que me aleje. ¡NO LO HARÉ! Que mi quebrantado aleluya continúe dándole a Dios toda la gloria.

Justo después de recibir el mensaje de Nanette, recibí la noticia de que Nick Challies, el hijo de veinte años de otros amigos, Tim y Aileen Challies, había muerto de manera repentina e inesperada. Mi corazón se sentía apesadumbrado... El dolor de hace un año y un dolor reciente todo en un mismo día.

El día después de la tragedia, Tim escribió:

> Ayer Aileen y yo lloramos y lloramos hasta que no pudimos llorar más, hasta que ya no quedaban lágrimas por derramar. Luego, más tarde en la noche, nos miramos a los ojos y dijimos: «Podemos superarlo». No queremos hacer esto, pero *podemos*

hacerlo —sufrir este dolor, esta tristeza, esta desolación— porque sabemos que no tenemos que hacerlo con nuestras propias fuerzas. Podemos superarlo como cristianos, como un hijo y una hija de un Padre que sabe lo que se siente al perder a un Hijo...

Sabemos que habrá días duros y noches de insomnio por delante. Pero por ahora, aunque nuestras mentes están desconcertadas y nuestros corazones quebrantados, nuestra esperanza está firme y nuestra fe segura. Nuestro hijo está en casa.[8]

Observé con tristeza y asombro cómo Aileen se paró con confianza para hablar en el servicio conmemorativo a fin de rendirle homenaje a Nick y desafiar a los oyentes a vivir una vida con propósito.

Nanette y Aileen son mis heroínas. También lo es la madre de Melissa, Michele. Estas mujeres tienen un tremendo valor. Estoy segura de que disputarían este elogio, pero es cierto.

La razón por la que digo que tienen valor no es porque sean supermujeres excepcionalmente dotadas con impresionantes listas de logros. Ellas dirían que son personas comunes, como tú y yo. Tampoco es porque siempre se sienten fuertes y nunca sienten miedo. Cuando el dolor las abruma, ellas se sienten muy vulnerables y débiles.

Entonces, ¿por qué digo que tienen tremendo valor?

Porque están decididas a poner su confianza en Dios.

Incluso cuando es difícil.

Por causa de Cristo, se atreven a decir que pueden hacerlo. Cuando Satanás las tienta para que se aparten, dicen: «¡*No* lo haré!». No *quieren* caminar por estos caminos difíciles, pero están seguras de que debido a que el Señor camina con ellas, *pueden* seguir avanzando.

Sus raíces son profundas.

En medio del profundo dolor y la angustia, su esperanza está firme y su fe segura. «La raíz de los justos no será removida» (Proverbios 12:3, NBLA). Es verdad, la sequía es severa. Sin embargo, la fe no se ha acabado. Aunque deterioradas por el calor y marchitas, sus hojas permanecen verdes.

Sospecho que escogiste este libro porque querías convertirte en una mujer más segura de sí misma. Espero haberte desafiado a pensar en la confianza de una manera diferente. La confianza fuerte no se encuentra en un sentimiento fuerte, sino en un Salvador poderoso.

Algunas de ustedes han sido sacudidas por la tragedia y la pérdida, como sucedió con mis amigas Nanette, Michele y Aileen. Otras simplemente se enfrentan a los ataques habituales contra la confianza que son producto de vivir en un mundo caído. Como el miedo al fracaso, o a la vergüenza, o el temor al futuro.

Sin importar si tu batalla con la confianza es grande o pequeña, puedes estar segura de que esta crecerá fuerte y alta como la palmera datilera o el cedro cuando crezcas en el temor del Señor.

Las mujeres de hoy están llenas de miedos, inseguridades y ansiedades. La sabiduría popular nos dice que la respuesta a este problema es creer más en nosotras mismas. Sin embargo, la Biblia proporciona una solución diferente. Esta enseña que la manera de combatir el temor es con más temor, un temor diferente. Lo que nos transformará en mujeres audaces, valientes y confiadas es un temor piadoso y reverente.

Confiar en Dios transforma tus imposibilidades en posibilidades. ¡Todo lo puedes en él que te fortalece! (Filipenses 4:13).

A medida que tu temor de Dios aumenta, tu temor de las circunstancias disminuye. El temor de Dios te transforma de

asustada a segura,
estresada a relajada,
alarmada a tranquila,
agitada a asombrada,
tímida a audaz,
temerosa a llena de fe,
cobarde a segura de ti misma,
¡atemorizada a atrevida!

Convertirte en una mujer reverente y temerosa de Dios aliviará tus miedos, reducirá tus ansiedades y te infundirá valor.

Como el gran sabio dijo: «En el temor de Jehová está la fuerte confianza» (Proverbios 14:26, RVR1960).

¡La *verdadera* confianza!

NOTAS

CAPÍTULO 1: UN PLAN DE ACCIÓN PARA LA CONFIANZA

1. Sheryl Sandberg, *Lean In: Women, Work, and the Will to Lead* (Nueva York: Alfred A. Knopf, 2013), p. 26 [Publicado en español con el título *Vayamos adelante: Las mujeres, el trabajo y la voluntad de liderar* (Vintage Español, 2013)].

2. Sheryl Sandberg, «Why We Have Too Few Women Leaders», TED Talk (Washington, DC, International Trade Center: TEDWomen 2010), video compartido por TED Ideas Worth Spreading, diciembre 2010, https://www.ted.com/talks/sheryl_sandberg_why_we_have_too_few_women_leaders?language=es#t-696302.

3. Sandberg, *Lean In*, p. 8.

4. *Ibíd.*, p. 24.

5. Judith Newman, «"Lean In": Five Years Later», *New York Times*, 16 marzo 2018, https://www.nytimes.com/2018/03/16/business/lean-in-five-years-later.html. «Nuestra misión», sobre el libro *Vayamos adelante*, https://leanin.org/about/es.

6. «Our Mission», About, Lean In, https://leanin.org/about.

7. Laura Entis, «Sheryl Sandberg's Advice to Grads: Banish Self-Doubt, Dream Bigger and Lean In, Always», *Entrepreneur*, 22 mayo 2014, https://www.entrepreneur.com/article/234098.

8. Katty Kay y Claire Shipman, *The Confidence Code* (Nashville, TN: Harper Business, 2014), pp. xii-xiii [Publicado en español con el título *La clave de la confianza* (México, D. F.: Océano, 2015)].

9. *Ibíd.*, p. xiii.

10. Maya Allen, «This Dove Report Reveals Shocking Results About Women's Body Confidence», *Cosmopolitan*, 23 junio 2016, https://www.cosmopolitan.com/style-beauty/beauty/news/a60373/womens-body-confidence-declining/.

11. Claire Shipman, Katty Kay y Jillellyn Riley, «How Puberty Kills Girls' Confidence», *The Atlantic*, 20 septiembre 2018, https://www.theatlantic.com/family/archive/2018/09/puberty-girls-confidence/563804/.

12. Kay y Shipman, *The Confidence Code*, p. 21.

13. Dove, «New Dove Research Finds Beauty Pressures Up, and Women and Girls Calling for change», PR Newswire, 21 junio 2016, https://www.prnewswire.com/news-releases/new-dove-research-finds-beauty-pressures-up-and-women-and-girls-calling-for-change-583743391.html.

14. Barbara Markway y Celia Ampel, *The Self Confidence Workbook: A Guide to Overcoming Self-Doubt and Improving Self-Esteem* (Emeryville, CA: Althea Press, 2018), p. x.

15. Kay y Shipman, *The Confidence Code*, p. xi.

16. «Self-Confidence and Self-Compassion with Sheryl Sandberg & Adam Grant», Option B, https://optionb.org/build-resilience/lessons/self-confidence-self-compassion.

17. Tony Robbins, «11 Tips for Being Confident from Within», Tony Robbins (sitio web), https://www.tonyrobbins.com/building-confidence/how-to-be-confident/.

18. Kay y Shipman, *The Confidence Code*, p. 28.

19. *Ibíd.*, p. 50.

20. Thesaurus.com, s. v. «confidence» [confianza], https://www.thesaurus.com/browse/confidence.

21. Thesaurus.com, s. v. «diffidence» [difidencia], https://www.thesaurus.com/browse/diffidence.

22. The Free Dictionary, s. v. «confidence», https://www.thefreedictionary.com/confidence.

23. Julie Andrews, vocalista, «I Have Confidence», por Richard Rodgers, Spotify, pista 4 de *The Sound of Music*, edición 50 aniversario, RCA Victor, 1965; Legacy, 2015, traducción libre.

24. Charles Dickens, *Historia de dos ciudades* (Madrid: Editorial Verbum, S. L., 2019), p. 11.

CAPÍTULO 2: EL TEMOR ES TU «AMIENEMIGO»

1. Michel de Montaigne, *Essays of Montaigne*, trad. Charles Cotton, ed. William Carew Hazlitt, vol. 1 (Londres: Reeves and Turner, 1877), p. 69, https://www.google.com/books/edition/The_Essays_of_Montaigne/BnZAAAAAYAAJ?hl [Ensayos de Michel de Montaigne].

2. Dictionary.com, s. v. «fear (n.)» [temor], https://www.dictionary.com/browse/fear.

3. Power Thesaurus, s. v. «fear», https://www.powerthesaurus.org/fear/synonyms.

4. «Explorando la Rueda de las Emociones de Plutchik», Six Seconds (sitio web), 4 julio 2020, https://esp.6seconds.org/?s=Plutchik%E2%80%99s+Wheel.

5. ABC News, «Convicted Con Artist Reveals How He Scammed Others», subido en línea 21 noviembre 2014, YouTube video, 2:56, https://youtu.be/x3ggMKSbhOs.

6. Punita Shah, «Overcome Your Fear: 5 Steps to Become More Confident», Discoveri, 23 julio 2019, http://www.talentdiscoveri.com/resentarticle.php?id=68.

CAPÍTULO 3: HOLA, ME LLAMO TEMOR

1. «Fear» [Temor], Oh Baby! Names, https://ohbabynames.com/all-baby-names/fear/.

2. *Ibíd.*

3. Lexico, s. v. «fear (UK English)», por Oxford University Press, 2020, https://www.lexico.com/definition/fear.

4. *Webster's Dictionary 1828 Online*, s. v. «fear (n.)», http://webstersdictionary1828.com/Dictionary/fear.

5. John Bunyan, *The Fear of God* (1679; reimpreso, Londres: The Religious Tract Society, 1839), p. 138.

6. *Ibíd.*, pp. 66-67.

7. John Piper, «To Live Upon God That Is Invisible: Suffering and Service in the Life of John Bunyan», Desiring God, 2 febrero 1999, https://www.desiringgod.org/messages/to-live-upon-god-that-is-invisible.

8. *Ibíd.*

9. Bunyan, *The Fear of God*, p. 142.

10. *Ibíd.*, p. 139.

11. «Compró un tazón chino en US$3 y lo vendió en millones», BBC News, 21 marzo 2013, https://www.bbc.com/mundo/noticias/2013/03/130320_tazon_chino_millones_dolares_subasta_ap.

12. ScareHouse (sitio web), https://www.scarehouse.com/.

13. Allegra Ringo, «Why Do Some Brains Enjoy Fear?», *The Atlantic*, 31 octubre 2013, https://www.theatlantic.com/health/archive/2013/10/why-do-some-brains-enjoy-fear/280938/.

14. Eduardo B. Andrade y Joel B. Cohen, «On the Consumption of Negative Feelings», *Journal of Consumer Research* 34, n. 3 (octubre 2007), p. 15, https://papers.ssrn.com/sol3/papers.cfm?abstract_id=892028.

15. Patrick Sweeney, «Fear Is Fuel Will Teach You Courage», Fear Is Fuel (sitio web), https://fearisfuel.com/the-book/.

16. Temer a tu marido, en el contexto de Efesios 5:33, sencillamente significa respetarlo. No quiere decir que debes tener miedo de él. Si tienes miedo de ser herida, por favor, ponte en contacto con un refugio de mujeres. En caso de abuso, llama a la policía.

CAPÍTULO 4: EL FACTOR MIEDO

1. G. Brad Lewis, *FireFall*, LavArt n. 22, G. Brad Lewis Photography, https://volcanoman.com/#/gallery/lavart/22-firefall/.

2. Rudolf Otto, *The Idea of the Holy: An Inquiry into the Non-rational Factor in the Idea of the Divine and Its Relation to the Rational*, trad. John W. Harvey, 2.ª ed. (1950; reimpreso, Londres: Oxford University Press, 1958), p. 10 [Publicado en español con el título *Lo santo, lo racional y lo irracional en la idea de Dios* (Madrid: Alianza Editorial, S. A., 1980)].

3. *Ibíd.*, p. 15.

4. C. S. Lewis, *El león, la bruja y el ropero* (Nueva York: HarperCollins Español, 2002), p. 83.

5. *Collins English Dictionary Online*, s. v. «awe» [asombro], https://www.collinsdictionary.com/us/dictionary/english/awe.

6. *Webster's Dictionary 1828 Online*, s. v. «awful» [terrible], http://www.webstersdictionary1828.com/Dictionary/awful.

7. Sandip Roy, «What Does Awe Mean: The Little-Known Power of Awe», The Happiness Blog, https://happyproject.in/awe-power/.

8. Ver 2 Timoteo 3:1-5.

9. C. S. Lewis, *Mero cristianismo* (HarperOne, 2006), p. 159.

10. Andy Greene, «U2's Enormous Claw Stage to Become Permanent Installation», *Rolling Stone*, 10 abril 2018, https://www.rollingstone.com/music/music-news/u2s-enormous-claw-stage-to-become-permanent-installation-629038/.

11. THR Staff, «U2's '360' Tour Will Gross $736.1 Million», *Hollywood Reporter*, 30 julio 2011, https://www.hollywoodreporter.com/news/u2s-360-tour-will-gross-217411.

12. Bob Allen, «U2's Rose Bowl Show Breaks Attendance Record», *Billboard*, 30 octubre 2009, https://www.billboard.com/articles/news/266855/u2s-rose-bowl-show-breaks-attendance-record.

13. U2, «U2 — Where The Streets Have No Name (Rose Bowl 360 Tour)», 23 enero 2013, video YouTube, https://www.youtube.com/watch?v=Eo8I3UQbW8s.

14. William Barclay, ed., *The Gospel of Matthew*, vol. 1, ed. rev., The New Daily Study Bible (Louisville, KY: Westminster John Knox Press, 2001), p. 445 [Publicado en español con el título *Comentario*

al *Nuevo Testamento* por William Barclay: 17 tomos en 1
(Barcelona: Editorial Clie, 2006)].

CAPÍTULO 5: EL FUNDAMENTO DE LA CONFIANZA

1. «Kasia Urbaniak», Penguin Random House (sitio web), https://
www.penguinrandomhouse.com/authors/2198423/kasia-urbaniak.
2. Olivia Grant, «Female Confidence Gurus: Inside the Feminist Fad
Taking New York By Storm», *Spectator*, 18 febrero 2020, https://
spectator.us/topic/female-confidence-gurus-inside-feminist-fad/.
3. Kasia Urbaniak, «Under the Skin with Russell Brand: Attention
and Domination», entrevista en pódcast con Russell Brand,
transcripción publicada el 13 abril 2021, en Kasia Urbaniak
(sitio web), https://www.kasiaurbaniak.com/podcasts-on-air/
under-the-skin-russell-brand-attention-and-domination.
4. Grant, «Female Confidence Gurus».
5. Kasia Urbaniak, «Influence 101: Liberating Your Desire and
the Power to Ask», Kasia Urbaniak (sitio web), https://www.
kasiaurbaniak.com/power-influence-101-course.
6. Regena Thomashauer, Mama Gena's School of Womanly Arts (sitio
web), https://mamagenas.com/.
7. H. D. M. Spence y Joseph S. Exell, eds., *Pulpit Commentary*, vol. 1, 6.ª
edición (Londres: Kegan Paul, Trench, Trubner & Co, 1895), p. 87.

CAPÍTULO 6: CÓMO EDIFICAR TU CONFIANZA

1. Karen Abbott, «The Daredevil of Niagara Falls», *Smithsonian
Magazine*, 18 octubre 2011, https://www.smithsonianmag.com/
history/the-daredevil-of-niagara-falls-110492884/.
2. History.com Staff, «A Daredevil History of Niagara
Falls», History, 23 octubre 2019, https://www.history.com/
news/a-daredevil-history-of-niagara-falls.
3. Michael Greshko, «Galaxies, Explained», *National Geographic*,
17 abril 2019, https://www.nationalgeographic.com/science/space/
universe/galaxies/#close.

4. Jon Bloom, «You Obey the One You Fear», Desiring God, 17 agosto 2012, https://www.desiringgod.org/articles/you-obey-the-one-you-fear.

5. E. A. Hoffman, «Leaning on the Everlasting Arms», compuesto en 1887, himno 133 en *The United Methodist Hymnal* (Nashville, TN: The United Methodist Publishing House, 1989), «Dulce comunión», Traducción Pedro Grado, himno 4, Himnos de Gloria y Triunfo (Nashville, Editorial Vida, 1961).

CAPÍTULO 7: UNA CONFIANZA BIEN ARRAIGADA

1. Shlomo Maital, «2,000-Year-Old Dates: Yummy!», *Jerusalem Post*, 15 octubre 2020, https://www.jpost.com/jerusalem-report/2000-year-old-dates-yummy-644620.

2. «Cedar Tree of Lebanon», Coniferous Forest, 2 septiembre 2020, https://www.coniferousforest.com/cedar-tree-lebanon.htm.

3. Robert Jamieson, A. R. Fausset y David Brown, *Comentario exegético y explicativo de la Biblia*, tomo 1: El Antiguo Testamento (El Paso, TX: Mundo Hispano, 1961), p. 997.

4. *Ibíd*., p. 997.

5. Answers (sitio web), s.v. «How far do the roots of a cedar of Lebanon tree spread?», https://www.answers.com/Q/How_far_do_the_roots_of_a_cedar_of_Lebanon_tree_spread.

6. «Persecuted Church Statistics», The Esther Project, http://theestherproject.com/statistics/.

7. «George Mueller, Orphanages Built by Prayer», Christianity.com, 16 julio 2010, https://www.christianity.com/church/church-history/church-history-for-kids/george-mueller-orphanages-built-by-prayer-11634869.html.

8. Tim Challies, «My Son, My Dear Son, Has Gone to Be with the Lord», Challies (sitio web), 4 noviembre 2020, https://www.challies.com/articles/my-son-my-dear-son-has-gone-to-be-with-the-lord/.

ACERCA DE LA AUTORA

Mary A. Kassian es una autora galardonada y conferenciante internacional. Ha publicado varios libros y estudios bíblicos, entre ellos *Chicas sabias en un mundo salvaje*, *La conversación apasible* y *La verdadera fortaleza*. Ella y su familia residen en Canadá.

¿HAS LEÍDO ALGO BRILLANTE Y QUIERES CONTÁRSELO AL MUNDO?

Ayuda a otros lectores a encontrar este libro:

- Publica una reseña en nuestra página de Facebook @**VidaEditorial**

- Publica una foto en tu cuenta de redes sociales y comparte por qué te agradó.

- Manda un mensaje a un amigo a quien también le gustaría, o mejor, regálale una copia.

¡Déjanos una reseña si te gustó el libro! ¡Es una buena manera de ayudar a los autores y de mostrar tu aprecio!

Visítanos en
EditorialVida.com
y síguenos en
nuestras redes sociales.